KB218101

불교와 평화

정토총서 ❸
불교와 평화

1판1쇄 1999. 10. 15

펴낸곳/정토출판
펴낸이/김정숙
엮은곳/(사)좋은벗들
등록번호/제22호-1008호
등록일자/1996. 5. 17

137-073 서울특별시 서초구 서초 3동 1585-16
전화:02)587-8992　전송:02)587-8998
인터넷 http://www.jungto.org/home/book
E-mail:book@jungto.org

ⓒ1999. 정토출판

값 5,000원

ISBN 89-85961-23-3
ISBN 89-85961-16-0(세트) 03220

정토총서 ❸ 맑은 마음 · 좋은 벗 · 깨끗한 땅

불교와 평화

법륜 스님

정토출판

정토총서를 발간하며

지금 우리 인류는 인간성 상실, 공동체 붕괴, 자연환경 파괴라는 중대한 위기에 처해있다. 이 위기를 극복하기 위해서, 우리는 불교의 근본 가르침 속에서 그 해답을 찾고자 한다.

첫째, 연기법을 우리의 세계관으로 삼는다

'이것이 있으므로 저것이 있고, 이것이 없으면 저것도 없다'는 존재의 상호연관성이 '존재하는 모든 것들의 있는 그대로의 모습'이다.

'네가 죽으면 나도 죽고 네가 살면 나도 산다. 네가 불행하면 나도 불행하고, 네가 행복하면 나도 행복하다'는 연기적 세계관에 입각하여 함께 살고 함께 행복해지는 이 길을 추구한다.

여러 가지 꽃이 모여 하나의 화단을 이루듯이 각자의 다양한 개성이 모여 조화와 균형을 이루게 하여 시기와 질투를 뛰어넘어 사랑을, 대립과 경쟁을 뛰어넘어 화합을, 투쟁과 전쟁을 뛰어넘어 평화를 이루는 새로운 문명을 창조하고자 한다.

둘째, 부처님과 보살을 우리 삶의 모범으로 삼는다

평생을 가사 한 벌과 바루 한 개로 걸식하며 살아가신 부처님의 삶을 본받아, 적게 먹고, 적게 입고, 적게 자며, 어디에도 구애받지 않고 살아가는 구도자의 자세를 갖는다.

나아가 중생의 아픔을 자신의 아픔으로 여기고 스스로 사바세계와 지옥 속으로 뛰어들어 중생을 구제하시는 대비 관세음보살님과 대원 지장보살님의 원력을 본받아 모든 중생을 구원하는 대승보살이 되고자 한다.

셋째, 무아(無我)·무소유(無所有)·무아집(無我執)을 수행의 지표로 삼는다

정토세계를 이룩하기 위하여 나를 버리고, 내 것을 버리고, 내 고집을 버리고 오직 중생의 요구에 수순하는 보살이 되고자 한다.

그리하여 한 생각 돌이켜 사로잡힘에서 벗어나 괴로움도 없고 얽매임도 없는 대자유인(成佛)이 되고자 한다.

나아가 인류에게 불어닥친 이 위기를 극복하고 행복한 인생(맑은 마음), 평화로운 사회(좋은 벗), 아름다운 자연(깨끗한 땅)을 일구어 살기 좋은 세상(淨土)을 만들고자 한다.

정토총서는 이러한 서원에 따라 수행·복지·평화·환경 등 우리 삶의 과제에 대한 대안을 제시하고자 한다.

1998. 10

평화세상을 향한 염원

다툼이 없고, 서로 미워하는 마음이 없는 세상
서로의 처지를 이해하는 사람들이 많은 세상
우리는 이런 세상에서 살고 싶다.
아니 우리는 이런 세상을 만들어 가고 싶다.

불교의 근본정신이 바로 이러한 평화사상과 연이 닿아 있음은 우리 모두가 인지하는 바다. 석가 세존께서 만중생의 고통을 구제하시기 위해 출가하고 도를 깨닫고 설법하신 것 또한 이러한 사상과 깊은 연관이 있다. 또한 수많은 선지식이 중생들에게 설한 법도 이에 어긋나지 않았다.

하지만 지금까지 이 세상에는 미혹한 중생들에 의해 다툼은 그칠 날이 없었고 미워하는 마음은 '경쟁'이라는 그럴싸한 포장지를 둘러쓴 채 이 거리 저 거리를 배회하고 있다. 40여 년간 지속되어온 '냉전'이 종식된 지금까지도 크고 작은 싸움은 이 지구상에서 단 한시도 그칠 줄을 모른다.

특히 네 강국에 둘러싸여 남과 북으로 분단된 한반도는 이 지구상에서 가장 평화롭지 않은 지역 중의 하나다. 북쪽에는 굶주림과 질병이, 남쪽에는 경쟁적으로 최대 이윤을 추구하는 사람들의 탐욕이 사회 전체를 어둡게 하고 이 사회의 미래를 암담하게 하고 있다.

이러한 때에 우리는 다시금 불교의 근본정신으로 돌아가 평화로운 세상 만들기의 깃발을 올리려 한다.

이 책에 실린 4편의 글 중 '평화로운 세상 만들기-갈등을 넘어서'와 '원효의 화쟁-불교의 평화'는 좋은벗들(구 우리민족서로돕기 불교운동본부)에서, '세계평화와 민족통일'은 청년과 대학생을 대상으로, '종교의 사회적 기능과 불교적 대안'은 한국불교사회연구소에서 주최한 종교와 문명의 대화모임에서 하신 강의다.

첫 번째 장인 '평화로운 세상 만들기의 과제-갈등을 넘어서'에서 우리는 인종간, 민족간, 계급간, 이성간, 종교간 갈등의 문제에 대해 살펴보는데, 결과적으로 이러한 것들이 어떻게 화합될 수 있느냐에 관심을 기울인다. 두 번째 장인 '세계평화와 민족통일'에서 우리는 우리의 평화로운 통일을 위해 무엇이 준비되어야 하는지를 살펴본다. 세 번째 장인 '종교의 사회적 기능과 불교적 대안'에서는 불자들이 평화로운 세상을 만드는데 있어 필요한 기능과 대안에 대해 고민한다. 네 번째 장인 '원효의 화쟁–불교의 평화'에서는 불교의 근본정신에 입각하여 모든 다툼과 의견 불일치가 결국 공허한 것이라는 사실을 몸소 실천으로 보여주고 사상으로 정립한 원효스님의 경우를 보면서 그 깊이를 가늠해 본다.

1999. 10. 15
(사)좋은벗들

차 례

종교의 사회적 기능과 불교적 대안

원효의 화쟁 – 불교의 평화사상

평화로운 세상만들기의 과제

갈등을 넘어서

지구적인 차원에서 볼 때 오늘날 가장 큰 문제는 '환경문제'지만 인류적인 차원에서 보면 기아·질병·문맹퇴치의 '생존권' 문제와 인종·민족·계급·성·종교 등의 차별로 인한 대립과 갈등으로 빚어지는 각종 '분쟁'문제가 가장 큰 문제로 대두된다.

그 중에서 서로 자기 주장이 옳다고 주장하고 대립하여 일으키는 각종 분쟁을 다섯 가지로 나눠 살펴보겠다.

갈등 1 : 인종분쟁

세계적으로 봤을 때 인종차별 문제는 매우 심각하지만 우리나라는 단일민족이라 인종차별 문제는 없다. 그런데 만약 우리가 미국에 가서 산다면 명백하게 인종차별을 느낀다. 이것은 민족차별과 성격이 다르다. 단지 피부빛깔이 노랗다거나 생김새가 다르다고 해서 부당하게 대우받을 수 있음을 말한다.

사실 막노동을 하는 데 백인이라고 해서 이익보고 피부빛깔이 노랗거나 검다고 해서 손해볼 일은 많지 않다. 하지만 대통령이나 장관, 장군이 되려면 피부빛깔로 좌절되는 경우가 많다. 그렇다고 황인이나 흑인들이 모두 높은 지위에 오르지 못한다는 것은 아니다. 그 중에는 장관이나 장군을 지낸 사람도 있다.

물론 몇 배의 능력이 있으면 그런 조건을 뛰어넘는다. 결국 여기서 말하는 차별문제는 동등한 능력이 있을 때 다르게 평가받는다는 것이다.

피부빛깔 때문에 전세계적으로 가장 차별받는 인종은 흑인이다. 흑인들은 백인이 아닌 황인종에게도 차별을 받는다.

우리나라 사람들만 보더라도 제3세계에서 일거리를 찾아 온 사람들에게 '저 사람은 나이지리아 사람이다' '저 사람은 남아프리카공화국 사람이다' 이렇게 부르지 않는다. 다만 '검둥이'라고 부를 뿐이다. 그가 어느 나라 사람인지는 관심 없다.

그런데 백인에 대해서는 어떤가? 우리는 그들을 단지 '흰둥이'라고 부르지는 않는다. 의도적으로 나쁘게 대할 때조차도 '흰둥이'라고 부르지는 않는다. 여기에는 '검은 것은 어둡고 탁하고 나쁜 것이고, 흰 것은 밝고 깨끗하고 좋은 것'이라는 잠재된 편견이 작용한다.

갈등 2 : 민족분쟁

인구가 작거나 힘이 없다고 해서 소수민족의 각종 권리를 빼앗는 문제다.

오늘날 이 지구상에는 소수민족의 비극은 매우 크고 많다.

첫째, 구소련에서는 여러 민족을 합쳐 소비에트연방을 만들었지만, 그 이후의 정책은 전인구의 54%를 차지하는 러시아민족 중심으로 펼쳐졌다. 그러니 갈등은 필연적일 수밖에 없었고, 지금은 제각기 독립을 했다.

그런데 이번에는 각 독립된 나라 안에서 거꾸로 러시아인이 소수민족이 되는 경우가 많다. 리투아니아, 라트비아 같은 나라에서는 자연히 러시아인이 소수민족이 되니까 이것이 또 분쟁의 원인이 되고 있다. 소비에트 안의 15개 공화국, 또 러시아공화국 안에도 20개 자치공화국, 8개의 민족자치구…이런 식으로 이루어진 다민족 국가이기 때문에 민족분쟁이 끊이지 않고 일어나고 있다.

구소련 내의 민족분쟁으로 대표적인 것이 아르메니아와 아제르바이잔분쟁인데, 이 두 나라는 흥해와 카스피해 사이에 있는 카프카즈산맥 주위의 작은 공화국이다. 아르메니아는 기독교 국가인 반면 아제르바이잔은 이슬람교 국가다. 그런데 아르메니아 안에 이슬람교인들과 아제르바이잔인들이 많이 사는 자치구가 있다. 이에 대한 소유권 문제로 많은 분쟁이 일어난다. 이런 식으로 키르기스와 우즈베크, 체젠공화국, 크림자치주, 타지크, 그루지야 등 각 민족과 나라들 사이에 독립문제와 영토

문제 등으로 민족분쟁이 계속되고 있다.

둘째, 중국은 56개 민족으로 이루어져 있는데, 인구로는 한족이 92%를 차지하고 나머지 8%에 해당하는 55개 민족이 소수민족이면서도 전체 영토의 약 60%를 차지하고 있다. 또한 소수민족의 대다수가 중국의 주변부에 살고 있기 때문에 소수민족과의 원만한 관계유지가 변경(邊境) 안정의 중요한 열쇠다.

중국 내에 있는 소수민족의 동정을 살펴보면 몽고족이 사는 나라 가운데 외몽고는 독립되어 있지만 내몽고는 중국 안의 "내몽고자치구"로 현재는 중국 땅이다. 몽고로 통합되는 것이 몽고족의 원(願)이다.

티베트의 티베트족은 아주 오래 전부터 불교국가로 독립되어 있었는데 중국이 공산화되면서 공산당의 지배를 받게 되었다. 그래서 이 나라의 왕인 달라이라마가 인도로 망명해서 독립을 되찾기 위한 운동을 하고 있는데, 이슬람교인들처럼 총 들고 싸우지 않으니까 잠잠한 것 같지만 현재 세계 최대의 소수민족 문제로 떠오르고 있다.

그 외 광서의 장족, 신강의 위구르족, 연변의 조선족 등이 있다.

셋째, 유고슬라비아는 세르비아(Servia), 크로아티아(Croatia),

슬로베니아(Slovenia), 보스니아(Bosnia-Hercegovia), 마케도니아(Macedonia), 몬테네그로(Crnagora;Montenegro) 이렇게 여섯 개 자치공화국이 연방을 이루고 돌아가면서 대통령을 했는데 사회주의가 무너지면서 제각기 독립하기 시작했다. 처음에는 슬로베니아가 독립을 했고, 다음에는 크로아티아도 독립을 했고, 마케도니아도 독립을 했다. 다음으로 보스니아가 독립하려고 하니까 보스니아에 사는 세르비아계가 보스니아에 반란을 일으키고는 인종청소를 시작했다. 세르비아는 몬테네그로와 신 유고연방을 결성하고는 보스니아 내 세르비아계를 지원했다. 보스니아는 유럽인종인데도 종교는 이슬람교다. 또 그 아래에 있는 알바니아도 이슬람교다. 보스니아 내의 세르비아계가 보스니아 이슬람계열의 사람들을 엄청나게 학살했다. 이렇게 엄청난 사람들이 죽고, 난민문제 등 지옥 같은 상황에 놓여 있는 게 유고문제, 이른바 보스니아-헤르체고비아 문제인 것이다. 보스니아 안에는 세르비아계, 크로아티아계, 이슬라니아-스니아계 이렇게 3파로 갈라져 있는데, 크로아티아계와 이슬라니아-스니아계는 연합해서 세르비아계에 대항하고 있는데 세르비아계가 땅의 70%를 차지해버렸다. 그러다가 1995년 8월에 들어서서 크로아티아가 자국 내 세르비아계 장악지역에 관한 거점 탈환을 위한 전쟁으로 새로운 국면에 접어들었다. 따라서 유고사태는 발칸지역 전체의 평화정착안(案), 곧 보스니아 분할 방안을 놓고 강대국인 미국과 러시아가 주도권 다툼을 벌이는 양상으로 바뀌었다. 러시아 남부의 관문인 세르비아계의 위축과 이슬람교도의 강화를 우려하며 동시에 나토를 경계하고 있는 러시아는 슬라브주의의 기치 아래 국제지위를 강화하기 위해 유고사태 개입을 꾸준히 늘리고 있다.

보스니아 분쟁이 미국과 유럽의 개입으로 어느 정도 마무리되어가자 이번에는 코소보사태가 터진 것이다.

세르비아 내에는 알바니아인들이 90% 이상 거주하는 코소보자치주가 있는데, 세르비아는 자치주를 없앴다. 그러자 코소보의 알바니아인들이 무장투쟁으로 맞서면서 세르비아 군대에 의한 알바니아인들 인종청소가 시작되었다. 결국 미국과 유럽의 개입으로 국제분쟁이 되었고 세르비아에 대한 무차별 공습이 시작되었던 것이다.

넷째, 이란과 이라크의 분쟁이다. 이란은 페르시아족이고 이라크는 아랍족이다. 종교도 이슬람교 내의 시아파와 수니파로 나뉘어 서로 다르다. 그러니까 이란과 이라크가 싸우면 같은 아랍족이고 종파도 같은 수니파인 이라크와 사우디아라비아가

한편이 된다. 또 반대로 이라크가 쿠웨이트를 침공하면 아랍권 내에 분열이 일어나 미국이나 이란을 끌어들이게 된다.

다섯째, 이란·이라크·터키 내에는 쿠르드족이 있다. 쿠르드족은 인구도 많은데, 지역으로는 이란·이라크·터키·시리아·구소련에 속해 있다. 특히 쿠르드족은 서로 적대하는 이란·이라크·터키에 같은 민족이 갈라져 있는 불행한 민족이다. 이들은 자기가 속한 나라와는 독립을 위해서 싸워야 하고, 또 그 나라가 다른 나라와 싸움이 붙으면 상대 국가와도 싸워야 한다. 이때 상대 국가에 쿠르드족이 있으면 같은 민족끼리 싸우는 비극이 벌어지는 것이다. 그래서 이라크 안에서 쿠르드족 독립운동이 일어나면, 이란이 쿠르드족을 돕기도 한다. 그러다가도 이란 안에 있는 쿠르드족이 독립하려고 하면 탄압하고, 이런 식으로 매우 복잡하게 얽힌 곳이다. 지도를 보면 이라크, 이란, 시리아, 터키가 만나는 그 삼각지역에 꽤 넓은 면적을 갖고 사는 게 쿠르드족임을 알 수 있다. 게릴라부대가 있어서 전쟁이 끊임없는 곳이다. 특히 터키 내 쿠르드족의 독립운동은 지금 국제사회의 큰 이슈로 등장되어 있다.

이렇게 세계 여러 나라에서는 민족·종족분쟁이 끊임없이 일어나는데, 여기 예를 든 것은 역사의 뿌리가 깊고, 최근에 문제가 되는 몇 가지고, 실제로는 이보다 더 많은 나라에서 분쟁이 일어나고 있다. 끊임없는 탄압을 받아가면서 지하운동, 게릴라투쟁, 테러투쟁을 벌이고 있고 또 그들이 속한 나라에서는 독립운동 세력들에게 엄청난 폭력을 쓰는 사태가 계속되고 있다.

갈등 3 : 계급분쟁

양반이니 상놈이니 하면서 사람에게 신분을 정해놓고 차별하는 신분문제와 근대에 와서는 자본의 소유 유무로 자본가계급·노동자계급으로 나누어지기도 하는 것이 계급문제다. 아직도 인도에서는 출신성분에 따른 카스트제도가 온존하고 있다. 인도 내에서는 이런 카스트제도로 인한 분쟁이 작게는 사람들의 일상생활에 갖가지 갈등을 가져오고 크게는 정치적 갈등까지 빚기도 한다. 일부에서는 무장투쟁까지 번지고 있다.

오늘날 계급분쟁은 전통적인 신분차별과 근대의 노동자·자본가계급 분쟁보다는 독재국가 내에서 일어나는 민주화 문제로 더 크게 제기되고 있다. 지배계급(그것이 신분적 특권을 누리려는 사람들이거나 자본가의 이익을 대변하는 사람)이 각종 독재체제에 항거하는 민주화 운동을 탄압하면서 고문·살인·실종 등이 수없이 행해지고 있다. 이에 따라 빚어지는 인권탄압·난민문제 등이 새로운 이슈가 된다.

첫째, 미국은 쿠바에 심한 경제봉쇄 정책을 쓰고 있는 상태다. 그래서 쿠바경제는 악화일로에 있다. 옛날에는 쿠바에서 미국으로 한 사람이 건너오면 카스트로와 공산주의에 반대해서 건너왔다고 칭송하면서 땅도 주고 직장도 주고 돈도 주고 했다. 그래서 쿠바에서는 못 나가게 하고 미국에서는 망명을 적극 권유했는데, 요즘에는 반대로 쿠바 쪽에서 문을 열고 내보내니까 미국에서 큰일이 났다. 이번에는 미국 쪽에서 내보내지 말라고 하고 쿠바에서는 내보내겠다고 말한다. 상황이 뒤바뀌었다. 미국이 오지 말라고 하면서 오는 사람을 다시 데려다주니까 미국 안에 있는 쿠바인들이 볼 때는 이제까지 인권을 주장했던 것이 전부 앞뒤가 안 맞는다고, 말도 안 되는 얘기라고 반대하고 나선다. 또 그렇다고 그냥 내버려두자니 이번에는 미국의 여러 보수세력이 반대하고 나선다. 쿠바 난민사태는 클린턴정권의 골치 아픈 문제로 등장했다.

둘째, 아르헨티나에서는 군부독재에 항거하는 사람 중 아주 많은 사람들이 실종됐다. 그 다음 타이도 군대가 자주 쿠데타를 일으켜 독재정치를 한다. 우리나라 다음으로 학생운동이 유명한 곳이다. 그리고 미얀마의 군사정권은 아웅산 수지가 지난 번

선거를 통해서 대통령에 당선됐는데도 짓눌러버렸다. 그리고 소수민족을 탄압한다. 이것이 독재로 인해 세계적으로 문제되고 있는 나라들이다.

이 밖에도 엘살바도르, 니카라구아, 온두라스, 칠레, 페루, 방글라데시, 파키스탄, 이라크, 알제리, 인도네시아 등이 특히 독재와 계급갈등으로 심한 내분을 일으키고 인권탄압이 심각한 상태다.

갈등 4 : 성분쟁

전통적으로 여성은 어려서는 아버지에게 귀속되어 순종하고, 결혼해서는 남편에게 귀속되어 순종하고, 늙어서는 아들에게 귀속되어 순종하는 것[三從之德]이 여성의 미덕으로 칭송되었다.

여성도 남성과 똑같은 사람이다. 그런데 지난 수천 년 동안 여성은 남성에 복종해야 하는 무엇인가 열등한 존재로 인식되어 왔고, 사회제도 또한 그렇게 유지되어 왔다. 여성이라고 해서 교육·노동·사회진출의 기회가 제약되었다.

그러나 근대에 와서는 여성도 남성과 동등한 지위와 역할을 누리려고 하는 남녀평등의식이 고양되어 여성운동이 활발하게 일어나면서 남녀갈등이 광범위하게 빚어지고 있다. 즉 기득권을 유지하려는 남성과 자기 권리를 되찾으려는 여성 사이의 갈등이다.

갈등 5 : 종교분쟁

종교문제는 이른바 문화차별의 문제다. 자기 신앙을 다른 사람에게 강요하거나 다른 종교를 신앙하는 사람을 탄압하고, 다른 문화를 배격하고 멸시하는 문제들이다. 첫째, 북아일랜드의 종교분쟁이다. 영국 왼쪽에 아일랜드라는 나라가 있는데 영국이 아일랜드를 오래 지배했다. 아일랜드의 종교는 가톨릭인 반면 영국은 프로테스탄트다. 그런데 영국이 아일랜드를 지배하는 동안 북아일랜드 지역에 영국사람들이 많이 와서 살게 되었고 거기 사는 사람들의 종교도 프로테스탄트가 더 많아지게 되었다.

아일랜드가 영국으로부터 독립하게 되자, 북아일랜드 지역에서는 프로테스탄트인들이 많아서 아일랜드와 같이 독립되면 기득권을 뺏긴다고 해서 독립을 거부하는 사태가 벌어졌다. 결국 아일랜드만 독립하고, 북아일랜드는 영국에 남게 되자 그곳의 가톨릭계 아일랜드 출신들이 민족해방운동을 목표로 무장해서 영국과 싸우게 되었다. 그러자 프로테스탄트인들은 또 북아일랜드의 독립에 반대하고, 그렇게 되어 신·구교 종교분쟁이 되었다. 이 문제는 아직도 풀리지 않고 있다.

만약 영국이 손을 뗀다고 해도 북아일랜드 내에 사는 사람들 자체에서 다시 아일랜드로 들어가는 것을 반대하는 사람이 있다 보니까 신교 민병대, 구교 민병대끼리 서로 싸우는 상황이 벌어진다.

둘째, 이란과 이라크의 투쟁은 그 성격이 민족분쟁도 되지만 이슬람교 안에 소수파인 시아파와 이라크·사우디아라비아 등의 다수파인 수니파의 종교분쟁이기도 하다. 그 이라크 안에도 몇 가지 분쟁이 있다. 이라크 남부지역을 보면 민족은 아랍민족인데 종파는 시아파가 인구의 거의 반을 차지하고 있다. 이것이 이라크 남부지역의 종교분쟁을 일으킨다. 그런데 북부지역 분쟁은 쿠르드족과의 민족분쟁이다. 또 이라크와 쿠웨이트의 분쟁은 이라크 입장에서는 쿠웨이트가 본래 이라크 땅인데 식민지지배 시대에 식민지배 세력이 떼어갔다고 생각하고 되찾으려 하고, 쿠웨이트를 차지하고 있는 지배세력은 그것을 인정하지 않으려는 것이다.

그런데 이란과 이라크는 이스라엘이나 미국과 싸울 때는 같은 편이 된다. 이란과 이라크가 싸울 때, 옛날에는 미국이 이라크에 많은 무기를 지원해 주었다. 그러다 이라크가 쿠웨이트를 침공하자 이번에는 이란에 무기를 원조하여 이라크를 견제하려고 한다. 그래서 여기에 사용되고 있는 모든 무기가 미제다. 이런 식으로 분쟁이 서로 엇갈려 있다.

인권과 평화

이런 차별로부터 일어난 각종 갈등이 세계적인 큰 분쟁을 야기하며, 그로부터 전쟁도 일어나고 학살도 일어난다.

이것이 오늘날 인류가 풀어야 할 인권과 평화문제라고 할 수 있다.

인권과 평화의 문제는 작게는 가정에서 크게는 인류사회 전체의 문제다.

우리 사회의 당면 과제들

인류사적인 차원에서 볼 때 첫째는 생존권 문제다. 배고파도 먹지 못하는 기아문제와 암이니 에이즈가 아닌 간단한 질병조차 치료받지 못하는 질병문제, 대학교육이 아닌 문자를 터득할 수 있는 초등교육 정도를 아이들이 제때 배우지 못하는 문맹문제로 인간으로서 가질 수 있는 기본적인 생존권 문제다. 이 생존권 문제는 근대 이전의 인간에게는 가장 큰 문제였다. 아직도 지구상의 60억 인구 중 12억이 이런 고통의 늪에 빠져 허우적거리고 있기 때문에 정치적인 자유나 인권보다 더 급박하고 중요하게 여겨져야 한다. 최근 북한은 식량난으로 수백만 명이 죽어갔다. 같은 민족이기 때문만이 아니라 인류적 차원에서도 우리가 해결해야 할 첫 번째 과제다.

둘째, 생존권 보장은 되지만 같은 인간으로서 동등한 권리가 보장되지 않는 차별문제가 근대 이후 오늘까지 심각하게 대두되고 있다. 피부빛깔이 검다, 민족이 다르다, 신분이 천하다, 종교가 다르다, 여자라고 해서 인간이 누려야 할 권리가 빼앗겨 고통받고 있는 사람들이 무수히 많다. 이런 차별이 있기에 분쟁이 잇따르고 전쟁도 일어난다. 인종·민족·계급 그리고 종교와 성분쟁도 여기에 속한다. 그런데 성분쟁은 겉으로 드러나지 않는다. 성분쟁이 각 가정에서 매일 일어나면서도 표면적으로 나타나지 않는 이유는 힘이 한쪽으로 완전히 기울지 않고 각각 그 안에 세력이 갈라져 있고 주로 가정 내에서 일어나기 때문이다. 그러나 이 또한 집단적으로 일어날 수 있는 갈등이다.

이처럼 차별이 존재하면서도 싸울 수도 있고 싸우지 않을 수도 있기 때문에 인권문제와 평화문제는 별도로 상정되어야 한다. 싸우지 않고 평화롭더라도 차별을 받고 있다면 이는 곧 인권침해가 있기 때문이다.

예를 들어 한국과 일본의 관계에서 식민지 상황일 때는 민족차별을 받고 있기 때문에, 그런 차별에서 벗어나려고 싸운다. 하지만 지금은 서로 자기 민족의 이익을 위해 싸운다면 전자는 인권문제가 되지만 후자는 인권문제라고는 말할 수 없다. 사실은 저마다 자기 집단의 이익을 위해 서로 대립하고 싸우는데 인종으로 결합하고 민족으로 결합하고 신분으로 결합하고 성으로 결합하고 종교로 결합하기 때문이다. 대다수 전쟁이 이런 이유로 일어난다고 볼 수 있는데 이 문제를 인류차원에서 어떻게 풀어갈 것인가가 과제다.

똑같은 능력이 있는데 흑인이라 해서 차별받아서는 안 된다. 그런데 이 문제를 해결하기 위해서 흑인에게 무조건 공무원자리를 20% 주니까 이번에는 반대로 백인이 차별받는다. 같은 능력으로 흑인은 들어갈 수 있는 데 백인은 못 들어가는 것이다. 이처럼 특례를 주는 것 자체가 벌써 스스로 차별을 인정하는 것이다. 특례는 차별을 개선하는 한 과정으로 두어야 한다. 그런 특례가 고정적으로 정해질 때 또 다른 역차별이 진행된다는 것을 알아야 한다.

셋째는 민족의 통일문제다. 우리 사회 내적으로 보면 기아·질병·문맹퇴치의 생존권 문제는 현재 남한사회에서 주요 쟁점이 아니다. 실업 때문에 굶어 죽는 사람도 있을 수 있다. 하지만 그것은 사회적인 이슈는 아니다. 우리 사회의 주요 이슈는 남북한간의 문제, 곧 평화문제다. 그래서 이 문제를 풀기 위한 과제로 평화문제가 제기되는 것이다.

넷째는 개인문제다. 사회적 갈등도 없고 먹고사는 데 별 지장이 없는 데도 정신적으로 방황하는 사람이 있다. 누가 뭐라 해서 그렇지 않는데 혼자 괜히 이런저런 생각으로 괴로워한다. 엄격히 말해 이것은 객관적으로 존재하는 차별이라 볼 수 없고 심리적인 현상에 불과하다. 이런 문제는 사회적으로 해결한다고 해결될 문제가 아니다. 그것은 수행을 통해 해결해야 한다.

그러니까 개인은 마음관리를 잘 해서 그 마음을 언제나 괴로움과 번뇌 없이 맑고 가볍게 가져야 한다. 사람들은 서로 대립하여 경쟁하지 않고 '네가 있으므로 내가 있다'는 연기법(緣起法)을 깨달아 대중의 은혜를 생각하고 언제나 서로 돕고 사는 평화로운 사회여야 한다.

미래문명의 열쇠, 의식개혁의 새로운 비전

이런 사회를 지향해 가는 데 개인윤리나 사회윤리, 환경윤리가 따로 있지 않다. 그렇다면 과연 어디서부터 시작해야 할 것인가? 먼저 '상대를 이겨서 내가 행복해지는 것이 아니라 서로 도울 수 있을 때 행복해질 수 있는 관계'라는 '존재 바로 보기'가 필요하다. 마치 손과 발이 따로 있어서 손이 없으면 발이 좋은 그런 관계가 아니라, 손이 없으면 발이 불편해지고 발이 없으면 손이 고통스러워지는 그런 관계임을 깨달아야 할 것이다. '세계는 연관되어 있으며, 우리 개인은 그 세계의 한 부분이라는 세계관'이 바로 서야 한다.

둘째, 인종이나 민족이나 성(性)이나 모든 것들을 '차별'이 아니고 '다르다'고 보아야 한다. 화단에 핀 꽃들은 어느 것이 더 아름답고 덜 아름다운 차별이 있는 게 아니고 색깔이 다르고 키가 다르고 모양이 다를 뿐이다. 그런데도 우리는 차별과 다름을 혼동하고 있다. 화단의 꽃들은 나름대로 자기 아름다움을 살리면서 그 개성이 어우러져서 화단을 이룬다. 이것을 '화엄(華嚴)'이라고 한다.

이렇게 가치관의 전환만 일어나면 개인도 편안하고, 상대를 해치려는 생각을 버리기 때문에 사람과 사람의 관계가 경쟁관계가 아닌 벗의 관계가 되고, 자연을 정복하는 것이 아닌 자연과 조화를 이루는 삶이 될 것이다.

세계평화와 민족통일

우리 민족은 하나의 민족이면서 두 개의 국가로 이루어져 있고 다른 여러 국가에도 많이 살고 있다. 이런 상태에서 '하나의 민족이 하나의 국가로 통일되는 것이 좋지 않을까?'라는 문제제기에 대해 무조건 하나가 되어야 한다고 하는 것보다 하나가 될 때 민족 전체와 그리고 각각의 민족구성원에게 어떤 이익이 있는지, 또 그 민족 주변에 있는 다른 민족에게도 이익인지 아니면 손해인지를 살펴 '통일이 바람직하다, 통일이 바람직하지 않다' 등 어떤 판단을 해야할 것이다.

단일 민족국가의 존재원리

세계사적으로 보면 하나의 민족이 두 개 이상의 국가를 형성한 적도 있었다. 그러나 하나의 민족이 두 개 이상의 국가를 형성한 것은 대부분 역사적인 상황 속에서 나타난 일시적 현상이었다. 이것이 시사하는 바가 무엇일까? 하나의 민족이 하나의 국가를 형성하는 것이 존재원리에 맞다는 얘기다.

왜 그럴까? 인간은 혼자 사는 것보다는 둘이 사는 게 낫고, 둘이 사는 것보다는 다섯 명이 사는 게 낫고, 다섯 명이 사는 것보다는 열 명이 사는 게 낫다. 혼자 사는 것보다는 모여 살면 살수록 인간의 생존에는 유리하다. 토끼사냥을 하더라도 혼자

서 한 마리 잡는 것보다 열 명이 힘을 합해 잡으면 삼십 마리 정도 잡을 수 있다. 그냥 열 명이 모이면 한 사람의 열 배 되는 힘이 나오는 것이 아니라 거기에는 20배 30배 50배의 힘이 나온다. 두 사람이 감나무에 올라가서 감을 따는 것보다 한 사람이 감나무에 올라가서 따고 다른 한 사람이 그 밑에서 받아주면 각각 따는 것보다 훨씬 더 많은 양을 딸 수 있는 이치다. 결국 일시적으로는 혼자 떨어져 사는 게 편할 수도 있지만, 장기적으로 볼 때 함께 모여 살며 분업하는 것이 더 편리하므로 인간은 무리를 지어 살며 분업하였다. 언제나 인간의 삶은 인간에게 유용한 쪽으로 움직여왔다.

옛날에는 식량을 구입하는 방법이 수렵과 채집뿐이어서 너무 사람이 적으면 협동의 효율이 떨어지고 너무 많이 살아도 수렵과 채집을 위한 이동거리가 멀어 불편했다. 그래서 자연스럽게 그 규모가 인간이 살기에 가장 적정한 선에서 정해졌다. 그러나 농경과 목축을 하게 되면서 그 무리의 규모가 많아져도 생존이 가능했다. 오히려 인간이 많이 모여 살수록 협동과 분업을 통하여 생존에 유리했다.

목축을 할 수밖에 없는 지역에서는 인구밀집도가 크게 변하지 않지만, 농사를 지을 수 있는 땅에는 농경기술이 발달하게 되면서 한 지역의 인구밀도는 차츰 높아졌다. 이렇게 해서 인류는 하나의 씨족으로, 부족으로, 부족연맹으로, 국가로 발전해 왔다. 그것은 여럿이 함께 사는 것이 구성원들의 삶에 더 유용했기 때문이다.

그런데 문제는 이렇게 확대되는 과정에서 전체적으로는 이익이 많아진 반면 개인적으로는 손해를 보는 사람도 생겨났다. 그것은 한 부족이 다른 부족을 침략하여 세력을 확대할 때 그 구성원의 일부에게는 유용하지만 복속 당한 다른 일부에게는 손해를 보는 경우가 생겼다는 점이다. 즉 공동체 내부에 불평등이 생겨나고 그것을 제도화해서 계급이 발생한 것이다.

이런 것들의 작용·반작용이 거듭되면서 동일한 문화권이 만들어졌다. 언어와 종교, 생활방식 등 동일한 문화권을 토대로 해서 민족을 이루는 기본단위가 만들어진 것이다. 이렇게 형성된 민족도 세월이 흐르면서 이합집산을 해 왔다. 소그룹에서 차츰 커지기도 하고, 소그룹으로 남아있기도 했다.

그러면서 큰 민족과 소수민족이 생겨났다. 당연히 큰 민족 중심으로 국가가 형성되다 보니 소수민족은 하나의 독립국가를 형성하지 못하고 그 국가 안에 편재되었다. 이른바 '다민족 국가'다. 이렇게 하나의 국가에 여러 민족이 포함될 때는 주로 큰 민족 중심으로 움직이고 나머지는 거기에 종속되게 마련이다. 그런 상태가 지속되면 소수민족은 자체의 성향을 잊어버리게 되고 큰 민족에게 포함되어 작은 민족은 없어진다. 반면 그런 불균형 상태가 오래 가지 않고 다시 독립하게 되면 그 민족국가가 독자적으로 유지된다.

적어도 현재까지 하나의 국가를 형성하고 있는 민족들은 역사 속에서 대부분 다른 민족에게 복속되기 보다는 독립국가를 형성한 시기가 길기 때문에 그 독자성이 아직도 남아 독립된 민족의식을 갖고 있다.

이러한 관점에서 보면 민족단위로 국가가 형성되는 것이 자연의 법칙, 역사의 법칙에 맞다.

그러나 이 세계가 힘에 의해 움직이다 보니까 일시적으로는 한 민족이 다른 민족에 복속되어 독립국가를 형성하지 못했던 적도 있다. 큰 민족으로 형성되는 과정에서 그런 역사가 수없이 있어 왔다. 그러나 하나의 민족이 두 개의 국가를 형성한 것은 혼란기 때 잠시 나타난 현상일 뿐이지 인류사회에 있어 보편적인 것은 아니다.

지구상에 존재하는 국가의 형태

현재 지구상에는 여러 형태의 국가가 존재한다.

첫째, 하나의 민족이 하나의 국가를 이루고 있는 단일 민족국가다.

둘째, 여러 민족이 모여 하나의 국가를 이루고 있는 다민족국가다. 중국·러시아 등은 하나의 큰 민족과 여러 개의 작은 소수민족이 모여 하나의 국가를 이루고 있는데, 소수민족의 문화가 점점 파괴되고 동화되어 가고 있다.

셋째, 하나의 민족이 여러 국가에 흩어져 살고 있다. 쿠르드족은 인구가 많은 민족인데도 터키·시리아·이라크·이란에 흩어져 국가간의 갈등이 있을 때마다 민족구성원끼리 싸워야 하고 민족문제가 이웃국가간의 갈등요인이 되기도 한다.

넷째, 하나의 민족이 두 개의 국가를 이루고 있다. 역사적인 급변 상황에서 일어난 일시적 현상으로 현재는 한국이 유일하다. 대만이 있기는 하지만 국제사회의 승인이 없다.

다섯째, 각 민족국가가 여럿이 모여 하나의 연방국가를 형성하는 경우다. 사회주의 혁명을 위해 15개 민족국가가 소비에트 연방을 결성한 구소련의 경우가 있었고, 현재 유럽연합(EU)이 그런 추세로 나아가고 있다.

현대　과학기술문명·국제분업체계·통신시설·교통시설이
뒷받침될 때 국제 경쟁력을 가지려면 적어도 인구가 3억은 되
어야 한다고 한다. 유럽은 미국이나 일본과 경쟁할 때 각각 분
리된 국가로는 불리하다. 그래서 하나로 합해져 가는 추세다.
경제적 통합과 효율이 충분히 뒷받침되려면 정치적인 통합도
같이 병행해야 하고 정치적 통합이 이루어지려면 문화적 동질
성도 찾아가야 한다. 그래서 유럽경제공동체(EEC)에서 유럽공
동체(EC)로 다시 유럽연합(EU)으로 발전해 가고 있는 것이다.
여러 민족이 하나의 국가를 형성해 가는 쪽으로 갈 때는 각각
의 문화적 고유성을 인정해 주는 방식으로 움직여야 한다. 때문
에 자연히 이런 추세는 연합·연방 차원으로 해결한다. 연방 차
원에서 볼 때 각 민족은 지방 자치적인 성격이다. 현재 세계적
인 움직임은 한편에서는 다른 민족끼리 연합하여 가고, 다른 한
편에서는 한 민족 내부에서도 지방자치제가 이루어져 가는 추
세다.
  이제까지는 권력이 중앙집권적이었지만, 현재의 교통·통신
등 여러 시스템은 권력을 분산시킨다. 그래서 지방자치로, 지역
단위로 주민들의 자치활동이 차츰 이루어졌다. 중앙권력 역시
다른 민족과 결합하여 연방 쪽으로 옮겨간다.

이처럼 민족간의 연합은 민족간의 갈등을 없애주고, 한 국가 안에서도 중앙집권적인 권력이 지방으로 분산되어 지방자치제를 실시한다는 것은 민족 내부의 갈등을 해소하는 역할을 하게 된다.

따라서 세계적으로 국가간의 연합과 한 국가 안에서 지방자치제가 동시에 진행된다는 것은 세계가 한층 더 견고한 평화의 발판을 마련했다고 볼 수 있다.

통일, 민족번영의 지름길

하나의 민족이 두 개로 나뉘어 대립할 때 어떤 현상이 일어날까? 민족의 주체를 회복해야 하는데 외세의 간섭을 받게 된다. 때문에 민족이 자립적이고 주체적으로 발전해 가는데 분단 상태의 지속은 굉장한 장애가 된다.

우리 민족의 경우, 남북으로 길쭉하게 이루어져 있기 때문에 북쪽과 남쪽의 기후가 서로 다르다. 남쪽은 벼농사나 채소, 과일이 잘 되고 북쪽은 밭농사나 목축, 임업이 유리하다. 그러므로 여러 가지 활발한 교류가 이루어져야 하는데, 남북으로 분단되어 있으면 농산물이 편중될 뿐만 아니라 생산비가 많이 들게 된다. 그래서 남북한이 서로 합해지는 것이 생존의 원리에 훨씬 더 유리하다. 남쪽에는 눈이 별로 없기 때문에 겨울에 북쪽에 가면 눈구경을 하기 좋고, 북쪽에는 눈이 많이 쌓여 있기 때문에 겨울에 따뜻한 남쪽을 찾아가기 좋다. 농산물 자원도 마찬가지다. 남쪽에는 과일이 남아돌아 해외에 팔아야 하고 채소 등 여러 가지 생산물이 남아도는데 북쪽에서는 없어서 수입해야 한다. 또 그만큼 생산하려면 온실재배로 인한 난방비가 엄청나게 많이 든다. 북쪽은 철광석 등 여러 지하자원이 남아도는데 남쪽은 브라질이나 오스트레일리아에서 수입한다.

남한은 여러 가지 잡곡을 외국에서 수입해 오는 반면 쌀은 남아돈다. 강대국의 압력 때문에 쌀을 수입하기는 하지만 실제로는 남아돈다. 북한에서는 쌀이 부족한 반면 잡곡은 풍부하다. 오랫동안 한반도에서 하나의 민족으로 형성됐다는 것은 상호 교류하여 사는 게 유리하다고 판단되었기 때문이다. 남한만 가지고 사는 게 유리하다면 벌써 남한만 독립국가로 형성되었을 것이다. 역사 속에서 적어도 압록강·두만강·백두산을 국경으로 삼고자 애쓴 것은 요즘뿐만 아니라 옛날의 생존원리에도 이 정도까지가 유리하다는 판단이 섰기 때문이다. 이런 면에서 보면 통일이 민족의 번영과 발전에 월등히 유리함을 알 수 있다.

그런데 현재 남과 북이 분단되어 있음으로써 인구나 생산력,

국토의 효율적인 운용이 매우 어렵다. 오늘 우리는 국제 경쟁력에서 살아남기 위해 베트남과 태국, 인도네시아, 중국에 공장을 건설하지만, 남북한이 통일되면 그럴 필요가 없다.

관광자원만 해도 사실 일년에 우리나라를 찾아오는 외국인 관광객은 겨우 300만 명 정도다. 그리스나 프랑스는 일년에 거의 1,000만 명이 넘는다. 만약 남북한이 통일되면 일단 전쟁의 위험이 없기 때문에 외국사람들이 안심하고 들어오고, 와서 볼거리가 많아짐으로써 외국인 유치에도 유리하다. 현재 북한은 관광자원은 풍부하지만 숙박시설이나 교통면에서 불편한 반면 남한은 교통이나 시설면에서는 편리하지만 국제적 관광지로는 자원이 좀 부족하다. 한마디로 볼 게 별로 없다. 1988년 올림픽을 개최할 때도 보면, 대부분의 외국인들이 주 관광지는 일본에 정해놓고 올림픽 경기를 관람하기 위해 잠시 우리나라에 들린 정도였다. 마치 우리가 대전에서 무슨 행사를 하면 서울에서 차타고 잠깐 구경하고 다시 올라오는 식이었다.

항공·교통·철도 등 시설면에서 봐도 수족이 잘린 것처럼 비효율적이다. 만약 중국과 교역하는데 철도가 그대로 연결되어 있다면 훨씬 교역이 용이하다. 또 조선족이 많이 사는 연길은 서울에서 바로 가면 비행기로 한 시간 거리다. 연길의 조선족자치주에서 만든 상품이 북한의 라진·선봉지역을 통해 남한으로 온다면 아주 짧은 거리인데, 지금은 빙빙 돌아서 온다.

남한은 러시아나 중국과 교류하는 데 북한이 걸림돌이 되고, 반대로 북한은 일본이나 서방의 여러 나라들과 교역하는데 남한이 중간에 끼어 있다. 이것은 같은 하나의 생명체가 마치 중간이 잘려 피가 돌아야 될 곳을 못 돌고 그냥 막혀 있는 것처럼 보인다.

그 외에도 상호간에 경쟁함으로써 지출되는 국방비도 엄청나다. 북한은 GNP의 20%, 남한은 GNP의 6%가 국방비로 지출된다. 거기에 비해 일본은 제2차 세계대전 후부터 지금까지 국방비가 GNP의 1%를 넘어본 적이 없다.

얼마나 쓸데없는 돈이 들어가는가? 또 매년 무기를 수입하는 데도 막대한 외화가 낭비된다. 나중에 긴장이 완화되어 다시 이런 무기들을 파기하려면 거기에 소요되는 경비 또한 엄청나다. 또 젊은 인력이 3년간 군대에 묶여 있으니 엄청난 노동력이 낭비되고 있는 상태다. 북한은 무려 13년간이나 군대에 복무한다.

한반도 주변에는 강대한 나라가 셋 있다. 만약 남북한이 통일된다면 한반도는 일본과 중국의 중간에 있어 중국의 동북 3

성지역, 러시아 연해주지역, 한반도, 일본의 동해안지역을 합해 '동해안 경제공동체'가 가능하다는 얘기다. 그럴 때 우리는 하나의 국가가 참여한 것이고, 다른 나라들은 일부 지방이 참가한 것이니까 자연적으로 '동해안 경제공동체'의 주도권은 우리에게 있다. 최근 북한이 제기하고 있는 '두만강 삼각지역'은 러시아의 블라디보스토크와 중국의 훈춘지역, 북한의 라진·선봉 (두만강 하류지역) 지역을 묶어 세계적인 자유무역지대를 만들려는 것이다.

민족의 주체성 확립

하나의 민족이 주체성을 가지려면 자기 민족사가 정립되어 있어야 한다.

그런데 지금 우리는 남북한간에 서로 다른 역사적 견해를 갖고 있다. 첫째, 고대사 정립이 제대로 안 되어 있다. 민족의 뿌리에 해당하는 상고사에 대한 정립이 부족하다. 환인·환웅·단군시대의 상고사를 단지 신화로 취급함으로써 뿌리 없는 민족이 되어버렸다. 그것은 일제 식민지하의 교육자들이 해방 후 이 나라 교육의 중심 틀을 세웠고, 민족주의를 배격하는 미국교육의 영향을 받은 친미유학생 그룹이 이 나라 교육정책의 대부분을 입안했기 때문이다. 거기다 일부 종교인들의 단군성전 반대 등 종교적 편견에 의해 민족의 정통성을 해치고 있다. 또한 남한은 고조선과 부여, 고구려, 발해사에 대해 제대로 정립되어 있지 않다. 사실을 잘 모를 뿐만 아니라 상당 부분 왜곡되거나 내용이 빠져 있다. 북한은 신라에 대해 부정적인 평가를 하고 있다. 같은 민족이 결국 자기 선조에 대해 어떤 선조는 좋고 어떤 선조는 나쁘다, 이 부분은 필요 있고 이 부분은 필요 없다는 식이다.

둘째, 민족해방투쟁사가 제대로 정립되어 있지 않다. 일제치하에서 해방되는 과정에 대한 이해가 서로 다르다. 민족독립운동의 주체세력이 당시 시대적 조건에서 보면 대부분 사회주의 성향을 가진 사람이고, 실제로 자유주의적 성향을 가진 사람은 소수였다고 볼 수 있다. 남한은 자기 정당성을 확보하기 위해서는 민족독립운동을 했던 다수의 사람을 부정해야 했다. 때문에 민족의 주체성을 수립하는데 많은 장애가 있었다. 민족의 독립운동사를 정립하는데 있어서는 좌든 우든 그것이 어떤 것이든 우리 민족이 한 것은 모두 우리 민족의 역사로 받아들이게 될 때 민족의 자긍심을 갖게 될 것이다.

북한 또한 자기 체제의 우위성을 확립하기 위해 민족의 독립운동사에서 민족의 주체성을 강조하는 것까지는 좋은데 그것이 지나치게 김일성 중심으로만 편중되어 있음으로써, 역사를 왜곡하고 있다.

해외에 있는 동포들은 자기 조국이 독립적이고 도덕적이면 자기가 사는 그 나라 안에서 자긍심을 가지고 활발하게 살아갈 수 있다. 반면 조국이 독재국가이거나 분단되어 서로 싸우면 심리적인 열등감을 갖게 된다. 이런 차원에서 볼 때 550만 해외동포는 국내에 사는 사람들보다 더 조국의 통일을 바라고 있다.

민족통일은 한 민족이니까 무조건 통일되어야 한다가 아니라, 그것이 우리 개개인의 삶을 영위하고 번영시키는 데 월등하게 유리하니까 통일되어야 한다. 이것이 바로 우리가 통일문제를 좀더 깊이 바라봐야 할 이유다. 예를 들어 부부가 서로 뜻이 안 맞아 싸울 때 아내가 밖에 다니며 남편을 욕해 봐야 자기 남편 욕하는 거고, 남편이 아내를 욕해 봐야 자기 아내 욕하는 거다. 살림살이 깨져봐야 자기 살림 깨지고, 자기 아이들 교육에도 안 좋고, 정신분열만 일어나게 된다는 얘기다. 이렇게 되면 결국 외세의 간섭을 초래하게 된다. 분단으로 인한 대립은 우리 민족과 민중들에게만 손실을 가져온다.

제일 중요한 것은 이해 당사자가 화해하는 길이다. 자기를 고집하는 것을 버리지 않으면 민족 전체의 이해가 보이지 않는다. 남편이 아내에게 아내가 남편에게 어떤 양보를 한다고 해서 무슨 큰 손해나는 것이 아니다. 합쳐진 뒤에 보면 모두 자기 살림이다.

이런 것처럼 민족 내부의 문제들을 경제적 관점에서 보더라도 너 하나 나 하나로 따질 일이 아니다. 어떻게 하는 것이 민족 전체에게 이익이 되느냐의 관점에서 일을 진행해야 한다. 북한의 요구를 90% 들어주고 남한의 요구를 10% 들어주는 것이 민족 전체에게 이익이 된다면 그렇게 해야 하고, 남한의 요구를 80% 들어주고 북한의 요구를 20% 들어주는 것이 민족 전체에게 이익이 된다면 그렇게 해야 한다. 반반씩 합의해서 주고받지 말고 어떻게 하는 것이 민족 전체에게 이로운가 하는 관점에서 보고 진행해야 한다.

우리 주위에 있는 네 강대국들은 우리의 통일을 진정으로 바라지 않는다. 바랄 이유가 하나도 없다. 미국은 한국에 무기를 팔 수 있고, 동북아시아에 미군을 주둔시키고, 자기 근거지를 마련할 수 있어 좋다. 중국은 북한이 미국이나 일본의 방패막이가 되어 주기 때문에 좋다.

그러면서도 전쟁은 반대한다. 전쟁이 나면 개입하지 않을 수도 없고, 그렇게 되면 자기들에게 손해다. 남북이 너무 친해서 통일로 가도 안 되고 너무 대립해서 싸워도 문제가 있으니까 적당한 선에서 유지시켜 가는 것이 가장 좋다. 그래서 우리가 치고 박고 싸우려 하면 압력을 넣어 말리고, 또 대화하여 합치려 하면 회담을 결렬시킨다. 그러므로 남북문제는 민족적 이해 관점에서 봐야지 미국이나 중국·일본의 눈으로 봐서는 안 된다.

어떤 방식의 통일인가

그런데 민족구성원 내에는 민족 전체의 이익보다는 통일 이후의 자기 이익을 더 우선시 하는 집단도 있다. 어떻게 통일이 되느냐에 따라 민족구성원 중에 누가 이익을 볼 것인가가 결정된다. 남한이 힘으로 밀어 부쳐 통일이 된다면 남한 내의 어떤 계층이 이익을 보게 될 것이다.

그러므로 전체 민족구성원에게 어떻게 하면 이익이 골고루 돌아갈 것인가의 관점에서 봐야 한다. 아무리 통일이 지당하고 좋아도 전쟁을 통해 통일을 이루려고 해서는 안 된다. 그렇게 되면 민족의 자산에 엄청난 손실이 따르고, 인명피해가 심하고, 패한 쪽은 하나의 공동체 안에서 심리적 열등감을 갖게 된다.

이것이 치유되려면 또 몇 백 년의 세월이 흘러야 한다. 전쟁을 통해 통일된다면 오히려 현재 상태로 유지하는 것보다도 더 못하다.

그러므로 어떤 경우에도 평화적으로 통일이 되어야지, 군사적으로 무력으로 통일을 이루어서는 안 된다. 그것은 오히려 민족 내부에 더 큰 상처, 더 큰 손실을 가져오게 된다.

또 이미 분단된 채 오래 살아서 서로의 정신 속에 배여 있는 분열의식 때문에 단계적으로 문제를 풀어가는 것이 오히려 유리하다.

그럼에도 한 때 북한은 즉각 통일, 남한은 단계적 통일을 주장했다. 요즘은 상황이 바뀌어 북한은 단계적 통일, 남한은 즉각 통일을 주장한다. 각자 자기 유리한 쪽으로 주장한다. 유리하고 불리하고를 떠나 단계적으로 문제를 풀어나가는 것이 좋다. 그것이 평화적으로 해결하는 것과 직결되기 때문이다.

평화적 통일은 통일과정에서 서로에게 상처나 손해를 주지 않으면서도 통일 이후에 올 후유증을 없애는 길이다. 단계적 통일은 통일과정에서 겪게 될 혼란을 최소화하기 위해서다.

통일방법에서 또 하나 중요한 것은 남한뿐만 아니라 북한에서도 지방자치제가 실현되어야 한다. 지방자체제가 확립될수록 민족의 단계적 통일과 평화적 통일이 용이해진다. 중앙권력이 강하면 서로 지지 않으려고 하기 때문이다.

남한 내에서도 권력이 지방으로 분산되어야 한다. 이것은 남북의 대립뿐 아니라 남한 내에서의 대립도 완화시켜준다. 세력이 하나로 집결되는 것이 아니라 여러 개로 분산되기 때문에 지역간의 대립이 격화되지 않는다. 중앙집권적일 때는 중앙권력을 누가 잡느냐에 따라 경상도와 전라도가 서로 싸울 수 있지만, 지방으로 분산되어 중앙권력이 차츰 약해지면 이것을 쟁취하는데 그렇게 혈안이 되어 움직이지 않는다. 그래서 지방자치제가 실현되는 것이 오히려 대립의 구도를 차츰 축소하는데 유리한 측면이 있다.

지자제란 주민들의 주체적인 권리를 형성하는 것인데 지방에 있는 사람들이 지나치게 이기적으로 결합하면 국가 차원에서 진행되는 어떤 산업시설이나 공공시설을 좋은 것은 서로 가지려 하거나 이익이 적은 것은 설치 못하게 하는 난점이 있다. 이기적으로 치닫는 지방자치제가 이루어지면 통일은커녕 분열이 더욱 조장될 수도 있다.

적극적인 민족주의로

통일된 국가는 어떤 사회가 되어야 할까? 통일이라는 큰 바구니에 어떤 내용을 담을 것인가의 문제다.

이제까지 우리의 민족주의는 '소극적 민족주의, 수동적 민족주의'였다. 무슨 뜻이냐 하면 '우리는 다른 나라의 억압을 받고 있다. 우리는 무조건 다른 민족의 지배를 거부하고 독립해야 한다' 하는 '독립 투쟁적 민족주의'다. 이것은 우리 민족이 인류사에 공헌할 일을 생각하는 민족주의가 아니라 무조건 타민족을 거부하는 배타적인 민족주의다. 이것은 억압받고 있는 데서 오는 아주 소극적이고 저항적인 민족주의라 할 수 있다.

이제 이런 민족주의는 청산할 때가 왔다. 일본이나 미국, 러시아, 중국을 볼 때, '옛날에 너희들이 우리를 지배했으니까 너희하고는 이제 다시는 얼굴도 안 보겠다. 무조건 나가라' 이런 식으로 이야기하는 민족주의여서는 안 된다. 어떻게 하는 것이 우리에게 유리하고, 상호 공존해 나갈 것인가를 생각해야 한다.

만약 우리 민족이 일본이나 미국과 경제뿐만 아니라 정치적인 교류를 끊고 생존할 수 있을까? 더 이상 생존 자체가 안 된다.

다른 민족과의 관계는 나쁜 면만 있는 것이 아니라 상호 좋은 점도 있다. 때문에 자르는 것이 중요한 게 아니라 무엇을 잘라야 하고, 무엇을 연결해야 할 것인가가 중요하다.

지난 번 일본에 갔을 때의 일이다. 회의를 할 때마다 일본사람들은 과거 일본이 한국에 저지른 역사에 대해 반성의 말을 반드시 했다. 그렇지 않으면 한국인들이 문제를 제기한다.

그런데 자기 민족의 역사를 잘 모르는 일본의 젊은 사람들과 교류할 때, 교류하기 전까지 아무것도 모르는 사람들이 갑자기 거창한 반성의 말을 하려니까 실제로 형식적인 반성이 될 수밖에 없다. 뼈저린 반성이 안 된다. 뼈저린 반성을 안 하려면 안 하는 게 훨씬 낫다. 왜냐하면 형식적인 반성을 자꾸 하게 되면 저항감이 생기기 때문이다.

그런 식의 교류는 평등한 교류가 아니다. 한쪽은 우월의식 속에서 상대를 달래야 한다는 생각을 갖고 있고, 한쪽은 달래주면 좋아하고 달래주지 않으면 싫어할 때, 실제 주도권은 달래주는 쪽이 쥐고 있다. 피해의식은 열등의식이고, 열등의식이 있는 상태에서 어떤 일을 주도할 수 없다. 사과는 어떤 기회에 한 번으로 족하고, 다음은 상호 적극적인 역할이 중요하다.

우리의 민족의식이 이런 피해의식의 산물로 이루어져 있기 때문에 어떤 사물을 객관적으로 보고 문제를 해결하지 못하고

'자라보고 놀란 가슴 솥뚜껑보고 놀란다'는 식으로, 한마디만 하면 벌컥 뒤집어진다. 이것은 민족의 에너지 집결에 도움이 안 된다. 상대방을 정확히 아는 데 장애가 된다. 이런 의식 수준으로는 상대방과 정상적인 교류를 하지 못한다.

피해의식은 또 과대망상증을 불러일으킨다. "예수도 조선사람이고, 공자도 조선사람이고, 맹자도 조선사람이고, 노자도 조선사람이고, 일본의 천황도 조선사람이다." 이런 식의 민족 우월의식으로 나타난다. 억압받으면 받을수록 이런 심리가 강해진다. 이 모든 것이 민족의 주체형성에 그리고 세계화에 장애가 된다.

피해의식에서 선린의식으로

첫째, 민족 피해의식에서 벗어나야 한다. 그것이 바로 민족의 주체성을 확립하는 지름길이다. 또 민족 과대망상증을 버려야 한다. 우리 민족의 역사를 정확하게 그리고 사실에 기반해서 알아야 한다. 그렇다고 모든 역사란 역사적 사실만으로 기록되는 것은 아니다. 그러나 하나의 역사 체계를 잡을 때 다른 민족과 어느 정도 공감대를 형성할 수 있어야 한다. 그렇지 않으면 게르만 민족주의, 일본 민족주의처럼 다른 민족을 억압하고 탄압하는 쪽으로까지 가게 된다.

둘째, 능동적 민족주의는 우리 민족이 전세계에서 어떤 역할을 할 수 있을지를 생각한다. 미국이나 일본과 어떤 교류를 하는 것이 민족의 이익에 가장 부합하는 것일까? 지정학적인 위치를 이용하여 그것에 걸맞은 산업시설을 건설하고 무역을 할 때 우리 민족에게도 좋고 다른 민족에게도 좋다.

결국 세계화 추세에서는 다른 민족과 선린관계(善隣關係)를 유지해야 한다. 주변 네 강대국의 힘에 놀아나는 나라가 아니라 그들의 중간 역할을 해야 한다. 즉 소수세력이 큰 세력들의 틈바구니 속에서 키를 조정하는 역할을 해야 한다. 베네룩스 3국은 독일과 프랑스 두 강대국 사이에 위치하고 있어 잘못하면 두 나라 사이에 끼어 매일 이쪽에 붙었다 저쪽에 붙었다 할 것 같지만, 독일과 프랑스 두 나라 사이에서 힘의 균형을 조정해 나감으로써 대등한 권리를 행사한다. 어떤 역할을 하는데 작다고 나쁜 게 아니다.

진정한 진보와 보수

적극적 민족주의는 오늘 우리 사회에서 진보일까 보수일까? 이것은 아주 진보적이다. 그러나 앞으로 새로운 통일된 사회에서는 보수가 된다. 그러면 어떤 것을 더 진보적이라 할 수 있는가? 민족의 이기심을 버리고 전세계의 이익을 위하는 길이 어떤 것인가를 국민들에게 설득하고, 정치적 지지를 획득해 나가는 길이다. 이른바 인류의 미래를 위한 어떤 문명사적인 문제를 제기하면서 국민의 지지를 획득해 나가는 진보적 정치세력이어야 한다.

이런 두 개의 수레바퀴를 가지고 21세기가 진행되어야 하지 않을까?

오늘날 지구적·인류적 차원에서 볼 때는 민족 이기주의는 암적인 존재다. 그렇기 때문에 인류의 새로운 문명 차원에서 볼 때는 어떠한 정책도 자연이 정화시킬 수 있는 범위 안에서 개발해야 한다. 또한 제 3세계에 대해 제국주의적인 역할을 해서는 더더욱 안 된다. 에너지 사용 역시 우리 민족을 위해 지나치게 낭비해서도 안 된다.

우리가 미국이나 일본, 유럽에 제기할 수 있는 게 뭘까? '인류를 위해 소비수준을 낮춰라, 에너지를 절약해라, 자원소비를 독점하지 말라.' 이렇게 주장해야 전세계가 좋아진다고 말할 수 있는 것처럼 세계적인 관점에서 우리 자신을 규정해야 한다. 이것이 진정한 인류의 양심이고 인류의 관점에서 보는 세계정신이다.

그런데 현실적으로 이런 주장이 국민들의 다수 지지를 받을 수 없다. 이것이 현실이다.

그러면 현실적으로 우리 민족에게 가장 설득력이 있는 것은 '민족 이기주의'다. 이렇게 하는 것이 우리 민족에게 가장 이익이 된다는 논리다. 이것이 현실적이며, 우리 민족 전체에게 가장 지지를 용이하게 받아낼 수 있는 논리다.

어떤 일이든 현실과 이상을 겸비해야지 이상만 갖고 있으면 현실적으로 아무 일도 못하고 현실에서 아무런 영향도 못 준다. 반대로 현실의 이익에만 집중해서 문제를 풀어나가면 그 당시에는 대중의 지지도 받고 상당히 성공한 것 같지만 역사를 되돌아보면 비판받을 소지가 있다.

통일국가의 모습

역사가 진정으로 발전하려면 현실적인 대중의 요구가 수용되고 그 요구 속에 숨어있는 부정적인 요인을 세계와 미래를 위해서 제기해야 한다. 민족주의와 세계주의, 현실과 이상, 정신문명과 물질문명 등 두 개의 수레바퀴가 맞물려 움직일 때만 역사는 현실에서 출발하면서 동시에 이상을 향해 나아가게 된다. 하나는 능동적 민족주의로 보수적인 성향이 강하다. 다른 하나는 새로운 문명을 바탕으로 한, 인류가 앞으로 어떻게 살아가야 하는가의 관점에서 문제를 제기하고 방향을 제시하며 대중의 지지를 얻어가는 진보세력이다.

한 민족이 어느 정도 힘을 형성해야 그 민족이 주장하는 것이 세계화가 되기 쉽다. 그러므로 둘은 상호 보완적이다. 얼른 보면 두 개가 모순인 것 같은데 사실은 적대시할 것이 아니다. 서로 경쟁하면서 여러 가지 정신문명을 계도해 나갈 때 현재뿐만 아니라 미래에도 국민들의 지지와 함께 우리 민족과 인류의 평화에 긍정적인 기여를 할 수 있다.

그런 차원에서 볼 때 진정한 진보세력은 지구적으로 제기되는 환경문제와 평화문제에 기여해야 한다. 또 정치적인 억압에 의해 탄압받고 있는 독재국가의 인권을 향상시키고, 여성의 능력이 보장받는 사회시스템을 만들어 나가는 것 등 인권과 평등 실현에 정부와 민간단체가 적극적인 역할을 해야 하고, 가난한 사람들의 기아·질병·문맹을 퇴치하는데 적극적이어야 한다.

이런 것을 중심으로 하는 정당·정치조직·민간조직 등이 한 사회 내에서 진보적인 세력으로 재편되어야 한다. 지금처럼 구시대의 유물로서 진보와 보수, 독재와 반독재, 자본주의와 사회주의로 분열하여 대립하는 것이 아니라 새로운 차원에서 건전한 보수와 진보가 정립되어야 한다. 이것이 통일된 사회의 모습이어야 한다.

통일준비

그렇게 하려면 지금부터 준비가 필요하다. 통일의 내용과 누가 통일을 주도하느냐에 따라 그 집단이 갖고 있는 이데올로기와 목적이 다음 통일된 사회를 이끌게 된다. 오늘날 자본가나 군부세력이 통일을 주도하게 되면 다음 사회는 그 사람들에 의해 주도된다. 또 노동자세력이 통일을 주도한다면 그들이 주장하는 사회로 이루어질 것이다.

이렇게 모두 통일로 가는 길에 얼마나 기여하고 어떤 역할을 했느냐에 따라 다음 사회의 내용을 형성하는데 주요한 영향을 끼치게 된다.

그런데 아직 우리 사회 내에서는 자본주의와 사회주의가 대립하고, 종교간에 대립하고, 노동자와 자본가가 대립하고 있다.

그러므로 우리 사회는 통일의 중심을 잡을 수 없다. 사회주의도 자본주의도 특정 종교도 어느 개인의 권위도 중심이 되기 어렵다. 단일 종교국가는 그 종교를 중심으로 통일을 이루기가 쉽고, 체제가 하나로 되어 있으면 하나의 체제로 통일이 가능하다. 예를 들어 필리핀은 국민 대다수가 가톨릭이니까 그것이 정신적인 역할을 할 수 있고, 월남은 사회주의 체제고 국민 대다수가 불교인이니까 사회주의 체제나 불교가 그 기능을 할 수 있다. 그런데 우리는 체제도 다르고 종교도 서로 다르다.

단군사상의 정립

그 속에서 최소한의 공통점이라도 찾는다면 민족의 시조인 단군사상을 통일의 구심점으로 삼을 수밖에 없다. 불교인들은 불교사상으로 통일되면 얼마나 좋을까? 이렇게 생각할지 모르지만 다른 종교에서 반대할 것이다. 기독교는 기독교가 통일의 사상이 되었으면 좋겠다고 생각할 것이다. 그리고 종교를 믿지 않는 대부분의 사람은 또 다른 생각일 것이다. 이런 여러 가지 상황에 비춰 봐서 단군사상을 정신적 지주로 삼는 게 필요하다. 요즘 북한에서도 부쩍 단군을 주장하는 것을 보면서 굳이 나쁘게 볼 필요는 없고, 오히려 남북한의 공통점을 찾아나갈 수 있다.

중요한 것은 이런 문제에 있어 남북한의 공통점을 찾아낼 수는 있지만 남한 내부에서 기독교 계통의 동의를 얻기가 어렵다.

그래도 특정 종교나 사상보다는 단군을 내세우는 것이 다수 국민의 동의를 얻기 쉬운 면이 있다.

한 나라에서 대통령이 상징으로만 있고 실질적인 권한을 행사하지 않는 것처럼 단군이 꼭 국가이념을 나타낼 필요는 없고 다만 하나의 상징으로 통일된 국가의 구심점이 될 수 있을 것이다.

그렇다면 단군설화를 신화다 해서 팽개치지 말아야 한다. 어느 민족이든 그 시원에 대한 이야기는 다 시작은 설화식으로 전달되고 있다. 중국도 그렇고, 이스라엘도 그렇다. 그것을 믿고 내세워서 그렇지 읽어보면 결국 설화식으로 되어 있다. 불교에서 부처님의 정법을 역대 조사가 계승하고 기독교에서 교황이 이어서 그 역할을 맡듯이, 환인과 환웅 단군과 단군 이후의 역사 또한 그와 같다.

어떤 문화든 살아 남는 것에는 역사가 있다. 역사가 없으면 그냥 허물어진다. 뿌리만 꽉 박혀 있으면 이 세상에 한 명만 남아있어도 새롭게 또 뻗어나간다. 그래서 단군의 역사를 알고 그 각각의 단군이 어떤 역할을 했는지 알 필요가 있다. 거기에는 부처님이나 예수님, 공자, 노자의 말씀과 같은 아주 좋은 말씀들이 있다.

세계화를 하는데 이런 것들이 장애가 되지는 않는다. 어느 나라에 가서 살아도 민족의 주체성을 갖고서 다른 나라 사람과 조화를 이루면서 살아가면 훨씬 유리하다. 민족의 주체성이 없기 때문에 다른 민족에 동화되고 휩쓸리게 된다. 그래서 단군사상과 역사를 정립할 필요가 있는 것이다.

고구려와 발해사의 복원

둘째, 단군조선 이후로 부여·동부여·예맥·동예·옥저·변한·진한·마한·고구려·백제·신라·가야 등이 성립되었다. 이런 역사들이 올바르게 정리되어야 한다. 특히 단군조선 이래 이어 부여와 고구려, 발해로 그 중심이 이어졌다. 그래서 고구려, 발해의 유적지와 역사를 복원하는 것이 민족의 정통성을 잡아가는 데 꼭 필요하다.

어느 씨족이든 장손이 있고 주위에 형제가 있었다. 어떤 때는 장손이 왕위를 계승하지 못하고 셋째가 계승할 때도 있다. 그런 것처럼 고구려가 정통으로 내려왔는데 신라의 힘이 더 강하여 다음에 차지했다. 그것은 나쁘다고만 볼 것도 아니다. 그렇게 연결이 되더라도 일단은 역사의 중심이 어떻게 형성되어 왔는지를 알아야 한다. 그러므로 통일신라시대라고는 하지만 사실은 북쪽에 고구려를 계승한 강대한 발해가 있었으므로 민족사 전체로 볼 때는 이 시대는 남북국시대다. 발해가 남북국시대의 중심국가로서 정확하게 우리 역사의 주요 부분으로 편재되어 들어와야 한다. 고구려, 발해의 역사가 제대로 복원되어야 하는 것이다. 민족의 고대사가 정립되어야 민족의식이 제대로 자리잡는다.

독립운동사의 복원

셋째, 일제시대 때 한반도와 만주지역을 중심으로 민족의 독립을 위해 투쟁한 수많은 민족해방운동가에 대한 완전한 복원이 있어야 한다. 세계 각 나라들을 보면 모두 자기 나라를 해방하기 위해 엄청난 투쟁을 했는데 우리의 역사를 보면 미국이 일본에 원자폭탄을 터뜨려 일본이 항복하니까 한쪽은 미군이 오고 다른 한쪽은 소련군이 오고 해서, 어부지리로 해방을 얻었다가 자기들끼리 싸워 분단되었다는 식으로 역사가 기록되어 있다. 그런데 사실은 그렇지 않다. 일본이 그렇게 호락호락한 사람들이 아니다. 일본이라는 나라는 중국도 침공하여 점령하고, 미국까지도 쳐들어갈 정도였다. 그런 일본에 저항한다는 것이 당시에는 매우 어려운 일이었다. 그런 상황임에도 독립운동가들은 국내에서나 국외에서나 일본에 엄청난 저항을 한 것이다.

물론 친일적인 요소도 많이 있었지만 그것은 어느 나라에나 다 있는 것이다. 프랑스같이 민족의 자존심이 강하다 해도 독일 지배하에서 대리정권이 있었고, 중국에서도 일본의 허수아비 정권으로 만주국이 형성되었었다.

우리가 민족의 독립을 위해 어떻게 싸웠느냐가 정확히 기록되고 보존되어야 하는데, 그것이 없으니까 민족 피해의식이 더 생기는 것이다. 우리는 억압만 받고 테러나 몇 번 하고 그저 두들겨 맞기만 하다가 해방된 게 아니다. 나라를 되찾기 위한 정당한 투쟁을 했는데 힘이 모자라 밀렸다가 국제정세의 변화 속에서 나라를 되찾았다는 입장으로 정리가 되어야 한다. 이런 면에서 민족독립운동의 역사가 사실대로 복원이 되어야 한다. 민족독립운동사가 정립되면 남북의 동질성 회복과 민족통일의 열망이 더욱 커질 것이다.

화쟁사상의 새로운 발견

넷째, 우리가 새롭게 통일을 하려면 더 이상 흑백논리로 진행해서는 안 된다. 이것이 세계사의 추세다. 특히 불교 입장에서는 더 그렇다. 원효스님의 '화쟁사상'이 새로운 통일이론으로 정립되어야 한다.

오늘 우리는 각 민족을 이해하고, 각 집단을 이해해야 한다. 결국 각각의 꽃들이 제 빛깔과 제 모양을 갖되, 하나의 화단으로서 아름다움을 이루듯이 인류의 발전을 위해 조화와 균형을 이루어야 한다. 모든 것이 똑같이 될 필요는 전혀 없다. 다르다고 대립할 것도 아니고 통일한다고 똑같이 되는 것도 아니다. 반찬도 여러 가지가 있어야 맛도 있고 몸에도 좋은 것처럼, 종교도 여러 종류가 있는 속에서 사람들이 선택할 수 있고, 국가도 여러 개가 있는 속에서 대립하지 않고 조화를 이룰 수 있다.

사람도 각기 다르다. 빨리 달릴 줄 아는 사람도 있고, 멀리 뛸 줄 아는 사람도 있고, 컴퓨터를 잘 다루는 사람도 있고, 외국어에 능통한 사람도 있는 등 서로 다른 사람들끼리 연결을 잘 하면 엄청난 힘이 나온다. 똑같은 사람들이 모여 있으면 열 명이면 열 배의 힘밖에 안 나고 백 명이면 백 배의 힘밖에 안 나오는데 서로 다른 사람들이 모여 조화를 이루면 천 배, 만 배의 힘이 나온다.

각 민족은 그 고유한 특성이 존중되면서 배타하지 않고 조화를 이루어 나아가야 한다. 이럴 때 인류가 진정으로 평화롭고 발전적인 측면으로 나아갈 수 있다. 세계평화 기여의 차원에서도 우리 민족의 통일이 필요하다. 또 우리가 이루고자 하는 통일이 주위에 있는 나라들에게 위험요소로 작용하는 것이 아니라 평화를 가져오는 수호신으로 자리매김 해야 한다. 이런 것이 우리가 앞으로 추진해 나가야 할 일이 아닐까?

다른 것들이 모여 하나되기

우리가 일을 추진해 나가는데 기존의 형식을 고집하게 되면 서로 대립만 하고, 기존의 형식을 버리면 그것이 무엇인지를 다른 사람을 이해시키는 데 어려움이 있다.

그러니까 특색을 분명히 갖는 게 좋다. 종교가 뭐냐고 물으면 불교인이라고 대답해야 한다. 그래야 세상사람들이 금방 뭔지 안다. 불교인인데 우리는 우리 종교만이 옳다는 어떤 집착도 하지 않고 인류의 공통문제, 민족의 공통문제에 대해서는 동일한 이해에서 같이 결합을 할 수 있다고 생각하는 사람들이다. 이렇게 문제를 푸는 게 좋다.

그러니까 우리 불교인들은 자기 종교에 대한 긍지를 가지되 자기 종교만이 옳다는 편협성은 놓아야 한다. 그래야만 다른 종교인과 집단에 대한 이해가 가능하고, 종교간에 연합을 형성할 수 있다.

정리하자면 첫째, 자기 종교만 옳고 다른 종교에 대해 배타적이면 통일을 하는데 절대적인 장애가 된다. 또 종교를 버리면 무엇을 하자는 것인지 이해시키기 어렵다. 그러니까 불교인들은 불교인이라는 자기 특색을 바깥으로 드러내는데 주저할 하등의 이유가 없다. 마찬가지로 다른 종교인들이, 다른 정치세력이 자기의 특색을 바깥으로 얘기하는 것에 거부할 필요가 없다.

둘째, 통일을 하려면 자기를 고집하지 않아야 한다. 자기 주체와 특징이 있다는 것은 반드시 고집해야 한다는 것과 일치하는 것이 아니다.

색안경을 벗어야 바로 보인다

어떤 사람이 신이 있다고 세계를 인식하는 것처럼, 어떤 사람은 신이 없다고 세계를 인식한다. 이때 두 사람은 세계를 인식하는 방법이 서로 다르다. 다르다는 말은 누가 옳고 누가 그르다는 얘기가 아니다. 현재 서로 다르다는 상태에서 얘기를 해야 한다. 일단 두 가지 의견이라 보고, 그것을 한 번 참구(參究)해 볼 필요는 있다. 그러면 대화가 된다. 없다고 단정하는 사람과 있다고 단정하는 사람이 모여 상대편의 얘기를 들어 봐야

소귀에 경 읽기다. 그런 대화는 아무리 해 봐야 안 된다.

기독교의 일치운동의 주장을 들어보면 '이 세상을 창조한 창조주는 오직 한 분이다. 그런데 그 신에 대한 이름은 민족과 사회마다 다를 수도 있다. 그러나 신에 대한 명칭이 서로 다르더라도, 각자 자기 민족이 신을 섬기는 방법이 다르더라도 결국은 한 분의 창조주로 돌아갈 수밖에 없다. 그렇기 때문에 대화를 하자.' 이것은 굉장한 변화다. 기독교로서는 2000년만에 나온 엄청난 발전이다. 그러나 그것은 자기들의 문명사회 속에서만 있었던 일이다. '어떤 사람은 GOD라 부르고, 어떤 사람은 야훼라 부르고, 어떤 사람은 알라라고 부르고, 어떤 사람은 여호와라고 부르고, 어떤 사람은 브라만이라 부르지만, 신은 오직 한 분이다'는 논리다.

그러나 인류의 반이 훨씬 넘는 동양사람들은 그런 창조신을 인정하지 않는 역사를 갖고 있다. 붓다는 신의 다른 이름이 아니다. 붓다는 깨달은 사람일뿐이다. 그런데 그들의 논리대로 하면 붓다는 또 하나의 신의 다른 이름이 될 뿐이다.

그러니까 신을 믿는 사람도 있고 믿지 않는 사람도 있다. 신을 믿는 사람 속에서는 유일신을 믿는 사람도 있고, 다신을 믿는 사람도 있다. 유일신을 믿는 사람 속에서도 그 신의 명칭이 서로 다르다. 그러나 각각의 인생은 그 나름대로 진리를 추구해 나간다. 이렇게 이해해야 한다. 그래야 유일신을 믿지만 부르는 명칭이 다른 종교간의 대화는 유일신을 믿는 문화의 일부분임을 알 수 있다. 신을 믿는 사람 중에도 창조신을 믿는 사람도 있고 그냥 여러 가지 그때그때 다신을 믿는 사람도 있다. 인구로 따지면 다신을 믿는 사람이 훨씬 더 많다. 인도만 해도 인구가 10억이다. 유럽은 다 합해 봐야 3억밖에 안 된다.

창조신으로서 유일신을 믿는 것은 기독교 중심의 사고방식이다. 이런 사고 속에서 보면 불교는 염세주의처럼 보인다. 불교 안에 염세주의인 사람도 있다. 그것은 기독교 안에 염세주의 사람이 있는 것과 같다. 그런데 어떤 하나로 편견을 갖고 평가를 해 버린다. 이것이 위험하다. 이런 식의 대화는 상대를 애초에 인정하지 않고 설득하기 위한 수단으로 잠시 대화의 테이블로 끌어내는 방식이 된다. 그렇게 해서는 안 된다. 신을 믿는 사람도 있고, 믿지 않는 사람도 있다. 신을 믿으면서 좀더 진실에 접근해 가려는 사람도 있고, 신 자체가 인간이 만들어낸 관념이라 해서 그 자체를 타파하여 진실에 도달하는 사람도 있다.

예를 들어 두 사람이 길을 가다가 한 사람은 귀신을 보고 한 사람은 귀신을 못 봤다. 이럴 때 못 본 사람은 '없는 데 헛것 봤다'고 할 것이고, 본 사람은 '야, 너는 죄가 많아 있는데도 못 본 다'고 하면 밤새도록 싸워도 해결이 안 된다. 그러면 다섯 명이 가다가 한 사람이 보고 네 사람이 못 봤다면 못 본 사람의 수가 많으니 본 사람이 헛것을 봤을까? 그렇지 않으면 네 사람이 못 봤을까? 이렇게 다수결로도 해결이 안 된다. 그러니까 이런 것 들은 단정해서는 안 된다.

그러면 사실은 어떤가? 가능하면 진실에 접근하도록 노력해 야 하고 그렇지 않을 때는 상호 존중해야 한다. 못 본 사람은 '아! 그런 것이 있을 가능성이 있겠구나' 본 사람은 '아! 내가 잘 못 볼 수도 있겠구나' 이렇게 한다면 상호 대립이 일어나지 않 는다. 그럴 때 필요 이상의 논쟁과 정력을 쏟지 않게 된다.

그러면 물에 물 탄 듯 술에 술 탄 듯 아무것도 안 되지 않느 냐? 천만에! 그렇기 때문에 에너지가 쓸데없는 곳에 소비되지 않고 언제나 정열적으로 일을 해 나갈 수 있다.

연관 – 조화 – 통일

이런 입장에서 우리는 사회에서 일어나는 갖가지 문제를 갖 고 대화를 해 나가야 한다. 일방적인 법문보다는 신부, 목사, 스 님이 같이 앉아서 신을 주제로 토론도 해보고, 환경문제를 주제로 토론도 해 보고, 여성문제를 주제로 토론도 해봐야 한다. 그 평가는 대중이 할 것이다. 그리고 법회 때 신부님을 모셔다 설교도 들어보고, 야당 인사를 모셔다 반대 의견을 발표하게도 하고, 여당 인사를 모셔다 찬성 의견을 발표하게도 해 보자.

그 속에서 진실의 눈이 차츰 깨어나야 한다. 분열된 가정이 수행하여 화합하는 것도 통일의 출발점이다. 서로 다른 사람이 모여 살면서 하나로 화합하는 것도 통일의 출발점이다. 이런 것들이 모여 사회의 통일, 민족의 통일, 세계의 통일로 나아가게 된다. 우리는 통일을 정치적인 문제 한 가지만 몰아갈 것이 아니라, 현재 우리가 할 수 있는 여러 활동을 시도해 볼 필요가 있다.

평화와 통일의 길은 먼 곳에 있지 않다. 자신에 대한 자긍심과 다른 사람에 대한 이해심을 갖는데 있다. 민족의 통일은 우리 민족에 대한 자긍심과 북한에 대한 깊은 이해심에서 출발해야 한다. 북한은 우리와 함께 더불어 살아가야 할 민족의 일원이지 더 이상 적이 아니다. 통일은 단순한 분단의 극복이 아니라 민족의 미래에 큰 희망이 되어야 한다.

종교의 사회적 기능과 불교적 대안

종교의 사회적 기능

사람은 누구나 다 죽음에 대한 두려움이 있고, 남에게 말하기 어려운 가족간의 갈등이 있으며, 사회에 대한 부적응과 두려움 등이 있다. 또한 윤리와 도덕으로 인해 굉장히 속박받기도 한다. 살인이나 도둑질 등을 행하고는 숨기고 있을 때 당사자는 죄의식으로 엄청난 괴로움을 겪게 된다. 이러한 괴로움을 해소하기 위해 술이나, 담배, 기타 중독성 물질을 섭취하기도 하지만 그런 방법을 통해서는 근원적인 해소가 되지 않는다. 이렇게 개인이 느끼고 겪게 되는 괴로움과 고뇌에 대해 마음의 평화와 안정을 얻도록 돕는 것, 즉 개인의 고뇌를 없애주는 상담자 역할이 가장 중요한 종교의 사회적 기능이다.

사람은 누구나 다 삶과 죽음, 인생, 신, 윤리·도덕 등 가치관이나 진리에 대한 탐구욕이 있다. 물질이나 재물, 권력, 명예, 학문 등 세상에서 추구하는 가치에 만족하지 못하고 그보다 한 차원 더 높은 세계에 눈뜨게 되고 관심을 갖게 되는 것이다. 이렇게 사회생활에서 느끼게 되는 한계를 뛰어넘어 자유로움과 지혜, 공동선을 추구하는 사람들에게 종교는 그 길을 제시해 줄 수 있어야 한다. 나이가 들거나 좌절하거나 어떤 계기로 인하여 자신의 삶과 진리에 대해 근본적인 의문이 들 때, 일반 학문이나 이론을 통해서는 만족할만한 답을 찾을 수 없기 때문에 종교로 눈을 돌리게 되는 것 같다. 그래서 종교는 진리에 대한 어떤 본능적인 귀의처로서, 그러한 의문에 대한 일정한 해답이라든지 안식처를 제공하는 역할을 이제까지 해 왔던 것이고 이후로도 할 수 있다고 생각한다.

이상이 우리 사회에서 종교가 해야 할 기능 중에서 주로 개인에 대한 것이고, 사회에 대한 역할을 살펴본다면 다음과 같다.

종교는 갈등을 일으키는 개인이나 집단 상호간에 대화의 문을 열게 해 주는 역할을 담당할 수 있다. 부부간에, 부모자식간에, 친구간에 갈등을 일으킨 양자를 만나 대화의 폭을 넓혀 나가는데 기여할 수 있다. 또한 노사간, 남녀간, 인종간, 민족간에 분쟁과 갈등이 발생할 때 중재자로서 역할도 할 수 있다. 그러한 역할을 할 수 있는 이유는 이해관계를 초월해 있기 때문이며, 인생이나 역사를 보다 넓고 길게 보는 안목이 있기 때문이다. 그러나 종교가 본연의 자세를 잃고 이해관계에 휩쓸리게 되면 사회의 일반 집단들과 똑같아지기 때문에 이런 역할을 할 수 없는 것이다.

그러므로 종교는 사회가 어떤 문제로 첨예하게 대립하느냐에 따라 그 중심 역할이 달라질 수 있다. 예를 들어 독재치하에서 정치인은 정치를, 교사는 교육을, 노동자는 노동운동을 올바로 할 수 없게 되면 그들이 올바로 할 수 있게 될 때까지 이해를 뛰어넘는 종교집단에서 상황에 따라 이러한 일들을 일부 대행할 수 있는 것이다.

그 외에도 이해를 뛰어넘는 종교의 운동은 각 시대상황마다 문제에 따라 여러 가지 다른 모습으로 행해질 수 있을 것이다. 즉 독재치하에서라면 민주화 운동이나 인권운동을, 지나친 남성 위주의 가부장제도하에서라면 여성해방 운동을, 인종차별이나 민족차별이 심화된 사회적 조건 속에서는 인종차별 철폐운동이나 약소민족의 독립운동을, 오늘날과 같이 환경파괴가 전지구적으로 심화되는 상태에서는 환경보전 운동이나 삶의 질을 전환시켜 가는 생활방식 개선운동을, 부정과 부패, 사치가 만연해 가는 사회 속에서는 근검, 절약, 정직 등 국민양심 운동을, 마약이나 알코올 등 중독성 물질이 크게 보급되어 있는 사회에서는 도덕·윤리적인 정화운동을, 기아나 질병, 문맹이 아직도 온존하는 사회에서는 기아·질병·문맹 퇴치운동을, 전쟁이 일어났거나 군비를 확충하는 등 전쟁이 일어날 가능성이 높은 지역이나 시대에는 전쟁반대 운동과 핵무기철폐 운동, 군비삭감 운동 등 평화운동을 종교가 좀더 앞장서서 진행해 갈 수 있다.

정치집단의 경우 언제나 현실적인 정치에 매몰되기 쉽고, 우리 사회의 제운동도 모두 자기의 이해관계를 중심으로 움직이기 때문에 현 시점에서 별로 중요하다고 생각되지 않는 것들에 대해서는 관심을 기울이기가 현실적으로 어려운 상황이다. 그러므로 이해관계를 떠나 보다 넓고 길게 볼 수 있는 집단인 종교가 이러한 일들에 대한 지원운동을 해야 한다. 역사 속에서도 보면 중세시대에 기독교가 사회의 발전을 가로막는 여러 가지 부정적인 역할도 했지만 그 가운데는 선각자적인 종교인들에 의해 과학기술, 예술, 환경문제 등에서 오히려 훨씬 앞서 나간 것도 있다. 어쨌든 종교는 새로운 운동을 직접 하든지 아니면 새로운 운동을 하는 사람들을 보호하거나 지원해 주는 역할을 많이 했던 것이다.

인류적 차원에서의 불교적 대안

그러면 오늘날 인류에게 닥친 여러 문제들에 대해 불교의 사상이나 불교집단이 갖고 있는 특징을 통해서 대안을 찾아본다면, 인간성 회복이라는 개인차원의 문제와 공동체 실현이라는 사회문제 그리고 자연환경 보존문제로 나누어 볼 수 있다.

먼저 개인차원의 문제에 대한 대안운동으로서 인간성 회복 운동에 대해서 살펴보도록 하자.

오늘날 우리 사회를 지칭할 때 보통 인간성이 상실된 사회라고 말한다. 양심이라든지 공동선을 추구하는 마음은 점점 사라지고 더욱 더 이기심으로 치닫고, 과학기술 문명의 발달이 거꾸로 인간을 부속품으로 전락시킨다.

그러한 상황에서 종교는 인간성을 회복해 가는데 일단 중요한 역할을 할 수 있다. 즉 물질적인 여유는 있지만 정신적으로 빈곤한 사람들에게 많이 생겨나는 문제로서 물질적 욕망에 사로잡혀 고통받는 경우가 있는데, 이에 대해서는 가치관을 전환시킴으로써 정신적인 건강을 회복할 수 있도록 하고, 아예 가지지 못하여 무지와 가난에 시달리는 사람들에게는 일단 빈곤으로부터 벗어날 수 있도록 가진 이들의 관심을 모아 물질적인 지원을 해 주고 분배문제에 조정자 역할을 함으로써 근원적인 삶의 한계로부터 벗어날 수 있도록 도움을 주는 것이다. 몇 가지 구체적으로 살펴보자면, 첫 번째 마약, 알코올, 담배 등 중독성 물질이나 프로스포츠, 섹스, 도박 등 중독성 문화를 극복하는데 역할을 할 수 있다. 중독성 물질이나 문화를 찾게 되는 것은 정신적인 공허함에서 온다고 생각된다. 생에 대한 정열이나 의지는 물질적인 가치만 추구하는 삶에서는 찾아보기 힘든 요소라고 볼 수 있다. 주체적이고 창조적인 새로운 문화를 만들어가고, 물질 중심의 이기적이고 왜곡된 가치관을 깨달음을 통해 바꾸어 가는 과정에서 불교의 선이나 관법, 주력수행 등이 매우 큰 효력을 발휘할 수 있다. 실제 유럽의 경우를 보면 주말에 명상하러 가는 것이 골프를 치러 가는 것보다 더 멋있게 느껴지는 분위기라고 한다. 상류사회, 지식사회, 중산층 이상의 건강한 집단이나 개인들이 각종 명상에 관심을 갖고 참여하고 있다는 것이다. 미국의 경우도 마찬가지다.

두 번째 오늘날 사회적으로 엄청나게 늘어나고 있는 가정불화, 스트레스, 사회 부적응, 죄의식, 결벽증 등과 같은 정신적인 문제에 대해서도 상담과 수행을 통해 치료가 가능하다. 불교의 선이나 염불, 공사상의 체득 등이 그 부분에 큰 효력을 발휘하는 것으로 나타나고 있다. 미국에서는 스트레스로 인한 병이 가장 많다고 한다. 그리고 정신질환으로 인한 병이 자꾸 늘어남으로 해서 상담과 심리치료를 하는 의사들의 비율이 큰 폭으로 증가하고 있으며 환자와의 관계에 있어서 보통 의사들의 경우도 상담 역할이 큰 비중을 차지한다.

이러한 스트레스에 불교적인 치료가 효과가 있는 것은, 그 스트레스의 대부분의 원인이 옳다 그르다는 시비분별에 의해 생겨난 것이기 때문이다. 따라서 옳고 그른 것이 본래 없다는 불교의 공사상을 확연하게 깨닫게 되어 자기가 옳다는 생각을 내려놓게 되면 자연스럽게 해소되는 것이다.

세 번째 이기심과 자기 고집 등으로 인해 탐욕과 분노를 일으키게 되는데, 이로 인해 생겨난 갈등과 괴로움에 대해서도 불교의 동체대비사상이나 깨달음, 연기법 등을 충분히 이해하게 되면 대부분 이러한 괴로움으로부터 벗어날 수 있다.

이상과 같이 불교는 현재 괴로운 사람들에게 바로 그로부터 벗어날 수 있게 해 줄 수 있다고 보며, 이러한 역할은 사회구조적인 변혁을 떠나서 매우 중요한 종교의 역할이고 기능이다.

오늘날 사회는 이기적인 개인을 기초로 그들 상호간의 경쟁을 사회적 원리로 하고 있다. 따라서 내가 살기 위해서는 네가 죽어야 하고, 내가 이익을 보려면 네가 손해를 보아야 하고, 내가 편하려면 네가 불편해야 된다는 것이 당연한 원리로 받아들여지고 있다. 그렇기 때문에 우리의 과제는 이러한 사회 속에서 어떻게 사회적 갈등을 해소하고 평화로운 세계를 건설해 나갈 것인지, 또 그와 같은 갈등과 투쟁이 없는 공동체를 어떻게 건설할 것인지가 될 것이다. 여기에 대한 불교의 사상적인 내용을 살펴보자.

첫째, 민족이나 종교, 계급, 성, 인종간의 대립과 갈등의 해소책은 대승불교의 공사상이라든지 원효의 화쟁사상에서 이념적 지표를 얻을 수 있다. 원효는 종파적 논쟁으로 분열된 당시의 사상세계를 중도로 화합시키는 <십문화쟁론>을 저술했고, 용수는 공사상의 입장에 서서 <중론>을 저술했다. 갈등의 해결이 시비를 가려 어느 하나로 통일하는 방식이 아니라 그 모든 것보다 한 단계 위에서 바라봄으로써 마치 화단 속의 꽃처럼 종류와 모양과 빛깔이 다르면서도 서로 어우러져서 하나의 아름다운 화단을 이루듯이 갈등을 일으킨 주체들 상호간에 중도적인 화합, 조화와 균형이 충분히 가능함을 제시했던 것이다.

둘째, 경쟁과 투쟁의 사회에 대해서는 연기사상으로 극복 가능하다. 모든 존재나 상황은 서로 연관되어 일어나는 것임을 밝혀주는 연기사상을 올바르게 이해한다면 우리들의 삶의 방향이나 지향하는 가치는 서로가 서로를 살리는 것으로, 서로 잘 쓰여지는 삶으로 돌려질 수 있을 것이다.

셋째, 오늘날 인류에게 가장 큰 문제가 되고 있는 식량위기, 자원고갈, 인구폭발 등에 대해서는 불교의 욕망을 절제하는 가치관과 최소한의 것으로도 만족하는 검소한 생활문화 등으로 해결책을 찾을 수 있다. 지금과 같이 많이 소유하고 많이 소비하는 것을 잘 사는 것으로 지향하는 가치관은 재조정되어야 할 것이다.

또 지구적인 공동체, 인류적인 공동체, 민족적인 공동체 등 개인의 이해 차원을 넘어 함께 더불어 살아가는 삶으로 가치관을 전환해 가는데 불교는 실질적인 기여를 할 수 있다.

그러나 그렇게 살아가는데 모범이 되어야 할 뿐만 아니라 스스로도 그러한 삶을 사는 데 대해 보람을 느끼고 자랑스러워해야 할 승려들까지도 소비풍조에 젖어 살아가는 모습을 보면 안타깝다. 불교를 현대화하는 것을 마치 자본주의 사회를 따라가는 것으로 생각하는 오늘날과 같은 상황에서는 그와 같은 역할을 기대하기는 대단히 어렵다.

오늘날 인류의 생존 자체를 위협하고 있는 환경문제의 경우는 인간 중심적인 사고가 극복되어야만 해결될 수 있을 것이다. 이제까지 인간은 재화의 가치를 자연물을 변조하여 만들어 낸 생산물에 대해 사람이 힘을 가한 것만을 인정했지 자연의 생산 가치는 무시해 왔다. 이것이 노동가치설이다. 이는 자연의 자원은 무한하다고 생각 한데서 생겨난 오류다. 이미 인간의 행위능력이 과거에 비해 굉장히 발달하여 자연을 파괴하는 힘이 자연의 복구력보다 엄청나게 커져 버린 지금과 같은 상황에서도 계속해서 과거와 같은 사고방식에 젖어 생활한다면 우리는 우리가 살 수 있는 기본 토대 자체가 허물어져 버리는 위기상황이 곧 닥치게 될 것이다. 다른 모든 생명과 더불어 살아가야만 인간의 존립도 가능한 것인데 인간만으로 존립할 수 있다고 생각하는 것을 인간 중심적인 사고라고 할 수 있다. 모든 것은 연기되어 있으므로 시작과 끝이 없다. 이러한 순환의 이치에 따라 우리의 개발이라는 것도 자연의 재생산 범위 안에서만 가능한 것이다. 많이 생산하고 많이 쓰는 것이 행복이라는 생각은 어느 시점, 어느 조건에서는 맞았지만 지금은 맞지 않다. 자연의 기초적 생산을 무시함으로써 결국은 자연파괴를 생산으로 오인한 것이다.

이기심이 생겨난 것은 신석기시대 이후라고 볼 수 있는데 정보가 왜곡될 수 있는 조건이 이루어지면서 이기심이 형성되고 그 위에 계급제도라든지 가부장적 제도, 사유재산 등이 발생하게 된 것이다. 즉 이기심과 그에 따라 생겨난 사회적 제문제는 하나의 집단 내의 정보가 완전하게 유통되지 않고 왜곡되어 이중적인 가치관이나 정보가 적용되는 것이 가능한 사회적 조건이 되면서부터 파생된 것이기 때문에, 개인이 그러한 이치를 깨달음으로써도 극복할 수 있지만 정보가 완전히 유통될 수 있는 조건이 되면 저절로 해소될 수 있는 문제다. 내 것이라는 소유욕은 환상으로 우리들의 무지로 인해 생겨난 꿈과 같은 것이다. 이와 같이 사실이 아닌 것을 사실로 착각하며 사는데서 생겨난 문제들이 상당히 많이 있는데 이러한 문제에 대해 불교의 가르침은 새로운 방향성을 제시해 줄 수 있다고 본다.

함께 행복해지는 길

착취가 가능한 조건하에서만 이기심이 사회를 지배한다. 더 이상 침략할 데가 없으면 내부 모순이 확대되어 그 사회의 지배질서는 붕괴된다. 그러나 외부 착취가 멈추더라도 일시적으로는 지배질서가 안정적으로 유지되는데 그것은 이전의 사회에서 형성된 가치관이 유지되기 때문이다.

이제 전지구적으로 하나의 세계가 되었기 때문에 외부세계의 개척이나 착취는 더 이상 없다. 그러므로 내부 모순이 격화되어지면서 착취 위주의 사회는 그 질서가 붕괴될 수밖에 없다. 자본은 싼 노임을 찾아서 후진국으로 이동하고 노동력은 고임금을 쫓아서 선진국으로 이동한다. 문화는 교류되고 이제까지의 가치관과 그에 기초한 질서는 혼돈을 겪으며 붕괴할 수밖에 없다. 모든 정보는 공개되고 한쪽에서 이익을 쫓으면 모든 부분이 다 같이 이익을 쫓게 된다. 모두 이익을 쫓게 되면 전사회적으로 모순이 그대로 드러나게 되며 결국 파국으로 치닫게 된다. 따라서 살아남을 수 있는 길은 공동의 이익을 추구하는 방법밖에 없다. 나누어 가지고, 함께 행복해지는 길을 추구할 수밖에 없는 것이다.

오늘날 사회는 정보통신의 발달로 모든 정보가 공개될 수 있는 토대가 마련되고 있다. 이제까지 사회는 자신의 이해에 따라 정보를 왜곡하거나 제한적으로 공개하는 등 정보의 통제를 통해 사회질서를 유지할 수 있었다. 그래서 이기심이 사회의 기초적인 원리로 작용하는 것이 가능했다. 그러나 정보가 모두 공개된 사회에서는 개개인들이 계속해서 자기만의 이익이나 이기심을 추구하게 되면 갈등과 투쟁이 증폭되고, 폭력의 수준이 대등하게 되기 때문에 결국은 인류를 파국으로 몰고가게 될 것이다. 따라서 정보가 완전 공개된 사회에서 파국으로 가지 않기 위해서는 이기심을 버리는 공익사회가 새롭게 이루어질 수밖에 없다. 그래서 연기적 세계는 꼭 개개인의 깨달음을 통해서만 도달할 수 있는 것이 아니다. 그 이유는 모든 정보가 공개되는 사회적 조건이 마련되면 인간이 어떻게 선택하든지 공동선이나 전체 이익을 위한 쪽으로 방향전환을 하게 될 것이기 때문이다. 단지 삶의 한계상황 속에서 엄청난 고통과 손실을 겪은 뒤에 자연적으로 조절되는 쪽을 거치게 될지, 아니면 인간의 이성이 미리 공동선을 추구하는 쪽으로 의지적으로 조절해 나갈 것인지 그것은 우리들이 선택해야 할 문제라고 본다.

전체적으로 볼 때 인류사회의 장래에 대해서 앞에서는 상당히 낙관적으로 보고 있는 것 같은데, 뒤의 전망에서는 그와 달리 매우 비관적으로 이야기한 것 같다. 즉 사회는 대체적으로 괜찮은 방향으로 가고 있고 일부분에서 노출된 여러 가지 문제점에 대해서는 불교가 대단히 탁월한 효능을 발휘하고 있다는 것으로 들었다. 이것은 지금까지 논의한 사회구원이란 관점에서 보면 불교적인 대안이나 사회적 구원의 방안이 결코 사회구원쪽에 그 중심이 놓여져 있지 않다고 생각된다. 그런 면에서 보면 내가 보는 관점과 전혀 다른 것 같다. 내가 생각하기에는 미국이든 유럽이든 서구 선진제국의 어느 나라든 그 상태가 대단히 좋지 않다고 생각하며, 망할 것이라고 생각한다. 그렇기 때문에 개인들을 만나서 '당신 스트레스는 이것을 깨달으면 돼!'하는 식이어서는 안 된다고 본다.

실제 우리가 주력해야 할 것은 사회 전체를 근본적으로 바꾸는 데에 있다. 예를 들어 신분계급사회에서라면 단순히 개인적으로 구원받는 것도 중요하지만 우리가 해야 할 일은 신분계급 자체를 타파하는 것이라고 본다. 오히려 그것이 개인적으로 구원받는 것보다 더 중대한 일이라는 관점에 서 있기 때문에 나와는 상당히 다른 것 같고, 입지 자체에서부터 굉장한 차이가 있는 것 같다.

두 번째는 이기심과 사회원리, 인간성과 사회구성에 대해 굉장히 독특한 두 개의 견해를 제시하고 있는데 하나는 '정보가 왜곡된 곳에서만 이기심이 온존한다. 따라서 정보가 공개되면 이기심이 없어진다'는 것이고, 또 하나는 전망에서 '착취가 가능한 조건에서만 이기심이 사회를 지배한다. 착취할 수 없게 되면 이기심이 없어진다'는 것이다. 그런 추론이나 사회관은 어디에서도 본 바가 없는 것으로서 내가 보기에는 근거 없는 생각이다. 그런 생각을 기초로 해서 사회구원이나 사회에 대해서 생각한다면 지엽적인 어떤 결론을 전체적인 것으로 생각하는 오해를 하게 되거나 잘못된 경향에 빠질 수 있지 않을까 하는 생각이 드는데, 이에 대해 어떻게 생각하는가?

예를 들어 지금 현재 기아와 질병으로 죽어가고 있거나 대부분 문맹의 상태에서 평생을 살아가야 하는 인도의 최하층민들과 같은 경우에는 약과 건강을 회복할 수 있는 양식을 공급하고, 그들의 자녀들이 배울 수 있는 학교를 세우는 것이 대안이다. 지금 당장 죽어가는 사람에게는 환경문제도, 마음을 바꾸는 수행도, 문명을 바꾸는 것도 대안이 될 수 없다. 새로운 문명을 창조하는 운동이든, 사회운동이든, 어떠한 운동이든 살아 있는 사람이 먼저고 중심이다. 그래서 앞에서는 주로 어떤 나라나 집단 또는 개인이든 그들이 현재 놓여 있는 조건에서 그들이 필요로 하는 것이 무엇인지를 이야기했던 것이지, 문명적 대안이라는 차원에서 이야기한 것은 아니다.

그리고 앞에서 사회의 변화 방향이나 현황에 대해 긍정적으로 보고 있다고 지적한 것에 대해서는 그렇지 않다고 말할 수 있다. 핵심은 인간의 욕망은 끝이 없다는 것이다. 마음이 바깥으로, 물질을 향해 쫓을 때는 계속 다른 쪽으로 욕구의 대상이 바뀌어 갈 뿐이지 그 어디에서도 안주를 못하게 되므로 관심이 내적으로 돌려질 때만 이 행진을 멈출 수 있다는 것이다.

서양사람들이 받아들인 동양사상은 우리들이 지금 생각하는 것과는 조금 다르다. 그들이 받아들이고 추구하는 것은 신비주의적인 것으로서, 또 다른 욕구의 대상으로 정신세계를 받아들인 것이다. 이에 대한 대안이라면 바깥을 향한 욕구라는 것이 얼마나 끊임없이 자신을 방황하게 하는가를 직시함으로써 스스로 그 행진을 멈추는 것이다. 그렇게 해야만 편안해 질 수 있다는 것이다. 또 다른 욕구의 대상으로 정신적인 것을 추구할 때는 그 방향으로 새로운 행진이 계속될 수밖에 없다. 오늘날 각광을 받고 있는 명상센타에 대해서도 문제가 제기되는 것은 신통력이나 신비한 정신적인 체험 등을 추구하게 되면 새로운 욕구가 계속되는 방향으로 나아가기 때문이다. 그렇게 되면 그러한 행진은 하나의 유행병으로 번지다가 또 다른 쪽으로 이동이 될 것이다. 욕구의 대상으로서, 욕구를 어느 정도 직시하고 그것을 억제할 수 있다는 생각을 하면 그런 명상은 또 다른 차원의 명상법을 요구받게 된다. 다만 욕구가 어떤 방향으로 움직이고 진행되는지를 직시함으로써 그로 인한 속박으로부터 벗어날 수 있다.

인간이 잘 사는 것이 단순히 물질적으로 더 많이 소유하고 소비하는 것이라면 그것은 다른 쪽의 상대적 빈곤을 기반으로 해서만 가능하기 때문에 전인류가 모두 그러한 방향으로 나아간다면, 또 이것이 사회의 기본적인 가치로서 추구된다면, 그것은 필연적으로 자연고갈과 자연환경 파괴로 이어져 인류를 멸망으로 이끌게 될 것이다. 그러므로 이런 방향으로 가서는 안 된다는 것이다.

뒤의 전망이 앞과는 달리 비관적으로 느껴진 것은 구조적인 관점에서 접근했기 때문이다. 앞에서는 개인에게는 어떤 조건에 처하든, 즉 그 구조가 온존되는 조건하에서라도 개개인의 고통에 대해서 도울 수 있는 길이 있다는 차원에서 이야기한 것이고, 뒤에는 그런 인간사회의 구조적인 모순을 지적하고 그 구조를 변화시키기 위해서는 그 구조의 밑바닥에 도사리고 있는 인간의 이기심을 제거해야 하는 데 그것이 쉽지 않다는 뜻이다. 그래서 이 점이 상호 모순되게 느끼게 했던 것 같다.

두 번째 '정보가 왜곡되는 조건하에서 이기심이 발생했다'는 것은 이 이기심도 인간의 본성이 아니라 어떤 조건에서 형성되었다고 보았다. 그래서 인간의 이기심이 어떻게, 왜 생겨나게 된 것인지에 대해 첫째는 인류사에서 유추해 볼 수 있다는 것과 둘째는 실험과 직관을 통해 계속 관찰하고 추적해 보면 알 수 있다.

사람은 자기가 배고픈데도 다른 사람과 나눠 먹을 수 있는 존재며 자기 집에 다른 사람을 보호할 수 있는 존재다. 그와 반대로 자기 먹을 것이 있는데도 다른 사람이 먹지 못하게 만들거나 자기 살 집이 있는데도 다른 사람은 들어가지 못하게 문을 잠가 놓기도 하는 존재다. 이 두 가지 태도는 동물에게서는 볼 수 없는 것들이다. 동물은 자기가 배가 고프면 다른 동물에게 먹이를 양보하지 않고, 자기 배가 부르면 다른 동물이 먹는다고 막지도 않는다. 우리는 보통 이에 대해 전자는 선, 후자는 악이라고 말한다. 그러나 '악은 동물적 속성이고 선은 인간적 속성'인 것은 아니다. 이 두 가지 모두 인간의 정신적인 특성이다.

인류진화과정(인류사)에서 인간에게 이러한 정신현상은 어떻게 형성된 것일까? 배고픈데도 함께 나눠 먹으려고 하는 속성은 소집단의 공동체를 형성하고 살던 구석기시대 내내 사회를 지배했던 인간의 정신현상이다. 그리고 목축과 농경이 발생한 신석기시대 이후에는 자기 것이 있는데도 남의 것을 빼앗는 정신현상이 형성되었다. 양심이나 이기심은 본래부터 인간의 선천적 정신작용이 아니라 역사적으로 형성되었다는 것이다. 그러면 왜 이런 정신작용이 형성된 것인지를 사회적 영향이라는 관점에서 살펴보아야 한다. 그리고 또 인간 개인의 차원에서 살펴본다면 아기는 태어나서 얼마동안은 어머니의 헌신적인 보살핌을 받으면서 어머니를 통해 모든 것을 배우게 된다. 그 아이는 자라면서 조금씩 어머니가 자신에게 요구하는 것도 보게 되고, 사람과 사람 상호간에도 그러한 것을 보게 되면서 따라 배우게 된다. 자기라는 의식이 생겨나면서 또 개인 소유를 정당화하는 사회 속에서 자라나고 길들여지면서 함께 나누는 마음보다 이기심이 더욱 지배적인 속성으로 형성된다. 이렇게 개인의 성품이 형성되는 과정을 살펴보면 이기심과 양심이 어떻게 생겨나는 것인지, 이런 문제들에 대해서도 우리들이 집중적으로 연구하고 토론해 볼 필요가 있다.

이런 정신적인 문제에 대해서 신에게 부여된 것이라든지, 전생으로부터 받았다든지 하는 식으로 종교적으로 간단하게 이야기하고 넘어갈 수도 있지만, 나는 이 문제를 그런 식으로 바라보려 하지 않기 때문에 인류학적으로나 정신분석학적으로 또는 사회과학적으로 이해하려고 한다. 이 문제는 별도의 시간이 된다면 한번 집중적으로 토론해 보았으면 한다.

갈등을 일으키는 개인이나 집단 상호간의 대화를 종교의 사회적 기능으로 제시하면서 그것은 종교가 이해관계를 떠나 있을 때 가능하다고 했는데, 나도 물론 그렇게 생각한다. 하지만 실제로는 각 종교간에 이해관계로 첨예하게 대립하고 있는 것이 현실이므로 종교가 분쟁의 중재자 역할을 하기보다는 오히려 분쟁의 주된 요소로서 작용하는 경우가 훨씬 더 많다. 이런 갈등들을 어떻게 해결할 것인지, 종교간에 상호 이해가 화합될 수 있는 경우라든가 공동의 적이 있을 때에는 함께 연대를 해서 싸울 수 있겠지만 그것 자체가 대단히 일치하기 어렵다고 볼 때 각 종교 내에서의 지분문제 등 상당히 복합적인 이런 문제를 어떻게 해결할 수 있는가?

그리고 종교가 특히 삶의 본질적인 것을 다룬다고 했을 때 사후세계 등 지금 각 종교에서 제시하는 세계관들은 대립 정도가 아니라 정반대의 모습을 제공하고 있다. 그래서 아예 종교에서 제시하는 세계관 전체를 부정하는 사람도 있으며, 어느 한쪽을 택할 경우에는 그 외의 것에 대해서는 부정하게 되므로 같은 가족 내에서 서로 종교가 다를 때에는 심각한 불화가 초래되는 것이다. 이런 문제를 어떻게 해결할 수 있는가?

이렇게 전지구적으로 세계는 하나로 되어 가고 있는데 종교의 세계관은 여전히 전혀 딴 판으로 존재하고 있다. 예전에 각 지역간에 문화적으로 분리되어 있을 때 가지고 있던 자신들만의 고유한 세계관들을 여전히 마치 절대의 진리인양 사람들에게 선전하고 그것을 통해서 계속 교회를 확장하고 절을 크게 짓는 등 여러 가지를 행하고 있는데 과연 이것이 이 시대에 어떤 새로운 문명을 창조하는데 대안이 될 수 있는가? 기존의 종교양식이 과연 21세기 새로운 문명을 지향하는데 정말 도움이 될 수 있을까?

나는 오히려 도움보다는 부정적인 작용을 더 많이 한다고 본다. 사람들에게 더 많은 혼란과 갈등을 주고 있다고 본다. 그러므로 우리는 이제 사고방식을 달리하여 새로운 차원의 종교, 기존의 종교형식을 뛰어넘는 전혀 다른 차원의 새로운 종교를 모색해야 할 때가 아닌가, 그것이 진정 21세기를 앞두고 달라진 상황에서 추구해야 할 문명이 아닌가 생각한다.

전적으로 그 의견에 동의한다. 이 주제 발표문은 종교가 인류에게 긍정적인 역할을 하는 부분에 한해서 그것이 살려진다면 어떤 역할을 할 수 있겠느냐 하는 차원에서 정리를 해 본 것이기 때문에, 종교의 부정적인 문제에 대해서는 다루지 않았다. 나도 불교든 기독교든 현재 종교가 이 사회에서 90% 이상은 부정적인 역할을 한다고 생각한다. 현실의 종교인들이 진리라 이야기한 것 중에서 진실보다는 거짓이 대다수를 차지한다고 생각한다. 불교의 경우를 보면 경전에는 분명히 무소유(無所有)를 중요한 가치관으로 가르치고 있지만, 현실의 불교인들은 무소유를 실천하지 않을 뿐만 아니라 소유욕을 부추긴다. 무소유는 이제 더 이상 불교인의 중요한 가치가 아니다. 그럼에도 불교는 평화와 안정을 가르친다. 어떠한 이유에서든 분쟁은 결코 불교적인 가치가 될 수 없다. 그런데도 자신이 잘못했기 때문에 분쟁이 생긴 것으로 보지 않고 타인이 잘못해서 분쟁이 생긴 것이라며 분쟁을 정당화한다. 그것도 정법이라는 이름으로 분쟁을 정당화하고 있기 때문에 극한적 투쟁도 마다하지 않는 것이다. 부처님이 가르침대로 행동해도 다른 종교로부터 진리냐 아니냐를 놓고 비판을 받을 수 있는데 하물며 부처님 가르침대로 살고 있는 불교인이 드문 상황에서는 불교에 대한 비판은 당연한 것이라고 본다.

현재 종교계는 이해관계로 얽혀 있다. 사회인들보다도 더 자기 생각이 옳다는 데 사로잡혀 있고, 더 자기들의 이해관계에 집중되어 있다. 지나온 역사를 살펴보아도 분쟁의 중재자로서의 역할보다는 분쟁의 당사자로서 더 많이 나타났던 것이 현실이다. 현재의 종교가 이렇게 가장 큰 갈등과 불안 요소를 일으키는 집단이라는 데에는 나도 동의한다. 그러나 종교가 원래의 가르침대로 충실하게 돌아간다면 새로운 문명에 중요한 역할을 할 수 있다고 보며, 실제 역사 속에서도 원효와 같이 그러한 역할에 충실히 했던 사람이 상당히 있다고 생각한다. 그러나 권력집단의 하부로 전락했을 때나 권력의 보호를 받고 있을 때는 종교인들이 분쟁의 당사자가 됨으로써 분쟁을 확대시키는 역할을 많이 했다는 것도 사실이다.

　　두 번째 기존의 종교양식이 문명적 전환에 과연 도움이 되느냐고 했을 때 우선 현재의 종교양식은 별 도움이 안 된다고 본다. 지금의 종교가 세상사람들이 남보다 더 많이 소유하고 소비하고자 하는 세속적인 가치를 추구하다가 잘 안될 때 그것을 대신 떠맡아 실현시켜 주는 기복적인 양태를 보이고 있기 때문이다. 승려나 목사, 신부가 신도들 대신 사업 잘되게 해 달라, 아이가 시험에 붙게 해 달라고 빌어 주는 것은 종교인들까지 그 세속의 대열에 앞장서서 그 역할을 대신 맡아 해 주는 것이므로 이런 형태의 종교는 문명적 전환에 전혀 도움이 될 수 없을 뿐만 아니라 평화운동과 같은 여러 가지 사회운동에도 별 도움이 못되고 있다고 생각한다. 과거에 종교가 왕실의 복을 빌어 주는 정치의 일부로서 존립했던 것처럼 단지 사회의 흐름 속에서 일부분으로 존립하고 있다는 데에 전적으로 동의한다.

그런데 어떤 이해관계나 시대적 상황, 한계를 뛰어넘는 그런 아이디어와 안목도 역사 속에서 보면 종교에서 주로 나오고 있음을 볼 수 있다. 대부분의 사람들이 당면한 시대적 문제에 사로잡혀 있을 때 그 시대의 먼 미래를 내다보며 방향 제시를 하는 사람들도 종교에서 나오는 것을 볼 수 있다. 이것이 종교의 예언적 기능이라고 생각된다. 이런 기능이 가능한 이유를 생각해 보면 종교의 가르침 안에는 안목을 넓혀 주는 어떤 것이 남아 있기 때문이다.

21세기 미래사회에서 종교는 새로운 양식으로 존재해야 된다는 의견에 동의한다. 그런데 문제의 핵심은 실천적인 데에 있다. 예를 들어 방바닥에 떨어져 있는 똥은 분명히 오물이지만 밭에 가면 거름이 되고, 밭에 있는 벽돌조각은 버려야 할 쓰레기지만 공사장에 가면 건축재료가 되어 유용하게 쓰인다. 이처럼 비록 쓸모 없는 것으로 치부되는 것조차 용도에 따라 재배치하면 잘 쓰일 수 있는 것과 같이 섣불리 새로운 것을 만들기에 앞서 기존의 질서 속에서도 긍정적인 방향으로 변화해 가는 데 기여할 수 있는 방안은 없는지 좀더 심사숙고하는 것이 필요하다.

기존의 틀을 쥐고 있으면 기존의 것에 함몰되기 쉽고, 새로운 것을 함부로 내세우면 이 세상에 수없이 많이 존재하는 아류 중에 하나로 떨어지기 쉬우므로 이 양자를 극복할 수 있는 방식에 대해 보다 깊이 있는 연구가 되어야 할 것이며, 그에 대한 대안이 나오기 전까지는 병아리가 알을 깨고 나오듯이 기존의 틀을 가지고 그 틀 속에서 새로운 것을 추구해 가는 준비기간이 필요하다. 그래야 운동의 연속성도 보전가능한 것이다. 하나의 형식을 가지고 일을 해가다가 방향을 전환할 때는 충분한 내용을 마련해 놓고 형식을 나중에 바꾸어야 운동의 지속성을 담보해 낼 수 있고 또 그럴 때 대중에게도 책임을 다하는 것이라고 본다.

현재의 종교가 앞으로 어떤 방식으로 유지되어야 할 것인가에 대해서는 더 깊이 고민해 봐야 한다. 종교의 경우, 섣불리 변화시키면 결국 신흥종교의 교주가 되기 쉽다. 그것은 당사자와는 아무 상관없이 사회로부터 그렇게 규정되고 그것이 퍼져 대중들의 의식 속에서 그렇게 규정되어 버리면 실제 현실도 그렇게 되어 버린다. 그것이 사실이냐, 아니냐 하는 것은 중요한 것이 아니다. 종교적인 새로운 양식이나 형식문제는 깊이 연구되어져야 한다. 또 새로운 형식보다는 내용을 준비해 가는데 보다 더 집중해야 하지 않을까 하는 생각한다.

종교가 칼을 든 사례는 많다. 또 기독교도 보면 십자군병들이 칼을 들고 있는 것을 볼 수 있는데 이상하게 불교는 폭력 앞에서 방관하는 형태를 계속 취하고 있는 것 같다. 예를 들어 인도 아쇼카대왕의 경우와 같이 폭력이 난무하는 사태에 직면하면 인간심리는 폭력이 없는 사회를 원하게 되므로 그 심리에 기생해서 불교가 확대되고 폭력을 순화시키는 역할을 한 사례가 많다. 이렇게 불교는 다른 종교와 비교해 볼 때 전개되는 형태가 다른데 왜 이렇게 폭력에 대해서 방관적인 입장을 취하는 것인지, 그를 통해 사회적으로 야합하고 기생하는 듯한 이상한 형태를 보이고 있는지 궁금하다.

그 동안 우리는 폭력에 대해 폭력으로 대응한 서산대사나 사명대사에 대해서 상당히 긍정적으로 받아들여 왔다. 그러나 개인적인 순수한 양심으로 돌아가거나 불교적인 전통으로 볼 때는 폭력에 대해서 폭력으로 대응하는 것은 옳지 않다고 생각한다. 개인이 갖고 있는 속성이나 어떤 사회적 조건 속에서 그렇게 대응할 수는 있지만 폭력에 대해서 폭력으로 계속 대응해 가게 되면 시간이 지날수록 가르침 자체가 폭력으로 변질되어 버린다. 폭력을 사용할 때는 누구나 나쁜 폭력에 대해서 좋은 폭력으로 대응하는 것이라고 주장하게 되는데 상대편의 입장에서 보면 역시 나쁜 폭력인 것이다. 십자군원정 때 이른바 십자군이 저지른 폭력을 기독교인들이 볼 때는 정당한 폭력이라고 하지만 아랍의 여러 세계에서 볼 때는 엄청나게 부도덕한 폭력이었던 것과 같다. 그래서 나는 불교가 역사적으로 폭력을 행사하지 않은 것으로 평가되는데 대해 개인적으로 자랑스럽게 생각한다. 오히려 회교가 인도를 침략하는 과정에서 불교가 비폭력으로 대응했기 때문에 엄청나게 학살을 당했던 것이고 결국은 인도 땅에서 사라지게 되는 결정적인 계기가 되었지만 인류적인 차원에서 반드시 나쁘다고 볼 수 없을 것 같다.

불교세력이 전열을 정비해서 이백 년이고 삼백 년이고 힘으로 대응해서 싸워 왔다면 모든 교리체계나 논리도 그에 따라 폭력적으로 바뀌게 될 수밖에 없고, 그렇게 될 때 세계적인 차원에서 이 문제를 본다면 과연 어떻겠는가? 이런 의미에서 폭력을 폭력으로 대응하지 않은 것은 인류의 공동선이라는 관점에서 보면 바람직한 방향이었다고 생각한다.

그렇다고 불교가 폭력에 대해서 방관하거나 야합했다는 것은 한 측면에서만 본 지나친 지적이라 생각한다. 지금 현재 모습의 불교만이 불교라고 한다면 나부터도 불교를 싫어할 것이다. 그러나 우리가 오늘날 정치권이 부패했다고 해서 정치는 더이상 이 세상에 있을 필요가 없다고 말할 수 없는 것처럼 불교도 본래의 모습, 원형과 역할을 회복해 나가는 게 중요하다. 변화하는 세계 속에서 이제는 나라가 나라 하나로서만 존립할 수가 없고 종교가 하나의 종파집단으로서만 존립할 수 없는 시대에 직면해서 불교만을 내적으로 새롭게 개혁한다는 것은 인류적인 차원에서는 별 의미가 없게 되었다. 그렇기 때문에 불교개혁을 이야기한다면 그것은 사회에 대한 새로운 종교적 기능을 회복하는 것이 될 것이고 더 근본적인 것으로는 인류사회에서 과연 어떤 역할을 해야 하며, 무엇이 바람직한 기능이겠느냐 하는 것에 더 우선적인 관심을 두고 찾아 나가는 것이 필요하다.

가장 현실적으로 출발할 수 있는 목표는 불교가 갖는 긍정적인 기능을 되살려 사회에 확산시켜 나가는 것이다. 그것이 우리가 현재상태에서도 당장 실천할 수 있는 현실가능한 운동방식이라 생각한다.

며칠 전에 라즈니쉬의 <선과 기독교>라는 책을 보았는데 이런 대목이 있었다. 우물에 빠진 사람이 유교도가 지나가자 그에게 구해 달라고 말했단다. 그러자 그 유교도가 하는 말이 '나는 지금 권력을 잡으러 가니까 혁명을 해서 정책적으로 나라의 모든 우물에는 철망을 쳐서 빠지는 사람이 없도록 하겠으니 기다려'고 하더란다. 그 다음에 불교도가 지나갔다. 그래서 구조를 청하니 불교도는 '인간은 본래 죽는 거야. 괴로움·고통이라는 것은 다 네 마음에 있는 거야. 예수님은 죽은 사람을 살려 주셨지만 부처님은 어느 어머니가 죽은 아이를 살려달라고 하니까 사람이 죽지 않은 집이 있으면 살려주겠다고 하셨지. 몇 년 더 살다가 죽거나 지금 죽거나 하는 것은 별로 중요한 게 아니고 고통에서의 해탈, 깨달음이 훨씬 더 중요한 거야' 하면서 그냥 가더란다. 그 다음에 지나가게 된 기독교도는 아예 처음부터 밧줄을 매고 와서는 '구해 줄께. 구해 주는 데 조건이 있어. 하느님 믿어야 돼'라고 하더란다. 라즈니쉬는 이 이야기를 통해 기독

교가 봉사하는 것은 자기 세력을 확장시키기 위한 것이
기 때문에 가짜 봉사라고 공격하고 있다. 이것은 모든
종교의 문제라고 보는데 그에 대해 어떻게 생각하는가?

종교인들이 종교로써 이 세상의 모든 문제를 해결할 수 있다
고 생각하거나 그렇게 주장하고 있기 때문에 엄청난 부담을 스
스로 짊어지고 있다고 본다. 종교는 근본적으로 인간이 살아가
는 삶의 방향에 있어서 기본 토대가 되는 것이고 방향성을 제
시하는 것이지 그 이상은 아니다. 사회적으로는 이 세상에 있는
많은 문제 가운데 한 부분의 문제가 될 것이고, 근본적으로는
인간의 모든 삶에 대한 근본으로서의 문제다. 그러한 기본 위에
서 어느 방향으로 살아갈 것이냐 하는 것만 담당하면 되지 그
것을 구체적으로 어떤 방식으로 어떻게 해 갈 것인지에 대한
문제는 사회적으로 관련된 각 부분들과 결합해서 이루어져 나
가야 된다.

라즈니쉬가 이야기한 풍자에 대해서는 이렇게 생각한다. 어
떤 풍자든 풍자라는 것은 다 그럴 듯하다. 그러나 현실적으로
적용해 보면 맞지 않는 것도 많다. 우물에 빠진 사람을 구해 주
는 것과 죽은 아이를 살려주는 것은 동렬의 문제가 아니라고

본다. 이미 사람이 죽어 버렸을 때는 죽은 것을 슬퍼하는 그 마음을 변화시키는 게 핵심이고, 살아있는 사람의 경우에는 건져내는 것이 핵심이다. 곤경에 처한 사람을 건져주라는 것은 불교의 핵심사상인 불살생계의 적극적인 의미로 쓰이는 '방생'의 가르침이다. 이렇게 적용이 전혀 다른 차원의 이야기를 동일선상에서 이야기하고 있기 때문에 이런 풍자가 나오지 않았는가 생각한다.

그리고 불교에서 모든 괴로움은 마음에서 생긴다고 하는 가르침은 틀림없는 이야기다. 문제는 이것이 마음의 원리를 이해하지 못한 사람에게는 절대 맞지 않는다는 점이다. 그렇다고 마음의 원리를 이해 못하는 사람들에 대해 그건 본인이 몰라서 그런 거니까 알 때까지 나 몰라라 하고 내팽개쳐 두면 소승불교가 되고, 그런 마음을 못 가진 상태에서도 그 사람이 편안해질 수 있는 길을 추구한다면 대승불교가 되는 것이다. 그러나 현실의 대승불교는 이론만 잘 갖추어져 있을 뿐이지 그것이 구체적인 행동으로 실천되고 있지 않다.

나는 오늘날에 맞는 새로운 불교운동의 이론은 이미 나와 있다고 생각한다. 문제는 그에 따라 실천해 감으로써 내적으로 체화하는 운동으로의 전환을 어떻게 이룰 것인가 이다. 이와 같이 새롭게 전개되는 불교운동은 자기변화와 세계변화라는 두 가지 측면을 자기 삶 속에서 통일되는 방향으로 진행되어야 한다.

구체적인 방법의 문제는 종교인이 담당해야 할 역할이라고 보진 않는다. 종교인도 사회의 일원이므로 오히려 사회적으로 더 전문적인 연구를 진행하고 있는 분이나 단체가 있다면 그를 지원하거나 동참하면 된다고 생각한다.

물론 인생에 있어서 근본적인 삶의 방향이나 관점을 다루는 것이 종교가 담당해야 할 전문영역이기 때문에 사회적인 실천이나 역할과는 관계가 없다거나 외면해도 된다는 이야기는 결코 아니다. 단지 그것은 세상과의 교류 속에서 찾아 나가고 받아들이며 따라가야 할 문제라는 것이다. 구체적으로 실현해 나가는데 있어서 불교라는 이름을 걸고 하느냐 마느냐의 문제는 중요한 것이 아니다. 절에서는 인생의 방향성을 잡는데 도움을 주는 것이 중심역할이 되어야지 세상의 온갖 것을 다 불교라는 이름을 내걸고 할 필요는 굳이 없다는 것이다. 민주화도 그렇고 모든 사회적인 제문제에 대해서 세상사람들이 각 영역에서 제대로 못할 때와 안 할 때 종교에서 관여하는 것이지, 그들이 정상적으로 하게 되면 그때는 종교도 세상사람의 일원으로서 따라가면 되지 종교가 앞장서서 담당해야 할 영역은 아니라는 것이다. 종교의 영역은 인생의 기본적인 문제고 사회적으로는 언제나 한 부분이라는 것을 종교인들이 늘 간직해야 한다.

라즈니쉬의 이야기를 우물에 빠진 한 사람에 대한 것으로 우리가 상상하기 때문에 그 진의를 잘못 이해할 수 있다. 수없이 많은 우물에 수없이 많은 사람들이 빠져 있기 때문에 그 사람들을 다 구제할 수 없다는 데서 문제가 발생한다. 실제로 우리는 그런 사람들을 구하지 않는다. 왜냐하면 그보다 훨씬 더 급한 사정이 있는 사람들을 길가뿐만 아니라 어디에서든 얼마든지 많이 볼 수 있기 때문이다. 이 지구상에는 우물에 빠져 있지 않은 사람들보다 우물에 빠져 있는 사람의 숫자가 훨씬 더 많다는 이야기다. 바로 여기에 문제의 핵심이 있다는 것이다. 그랬을 때 라즈니쉬가 말하고자 했던 것은 기독교가 그런 사람들에 대한 구제를 통해 자기 세력을 확장해 나간다는 것과 그런 상황을 전혀 개선하려고 하지 않는 데 대한 공격이었다. 그러니까 지금 구하는 것과 동시에 그 이상의 관심, 즉 근본적으로 우물에 빠진 사람이 있게 되는 그 상황에 관심을 기울여야 하는데도 오히려 물에 빠진 사람을 구해서 자기 교세를 확장하고 있으므로 현재 상황을 그런 식으로 이용하고 있다는 것이다. 실제

대부분의 종교가 본질적으로는 지금 현재 기독교와 같은 상황에 있지 않을까? 바로 그 점이 문제가 된다고 생각한다.

　이렇게 볼 때 종교의 기능에 대해 이제는 조금 다르게 생각해야 될 때가 왔다는 것을 이야기하고 싶다. 원시시대에는 종교가 전부였다. 정치에서부터 치료 등 사회의 모든 역할을 종교가 했다. 지금은 어떠냐 하면 다원화되어 나감으로써 오히려 종교의 역할이 어디에 있느냐 하는 것 자체가 문제가 되고 있다. 그랬을 때 어떤 것은 종교의 역할이고 어떤 것은 종교의 역할이 아니다라는 것이 중요한 것이 아니라 어떤 일을 하든 봉사와 헌신, 보시 등 지금 현재 종교가 하는 역할 자체를 문제삼는 것이 아니라 모든 일의 목표가 사회구원이 되어야 한다는 것이다. 그렇지 않다면 어떠한 숭고한 일을 하고 있다고 해도 그 자체로서는 라즈니쉬의 비난에 대해서 별로 대답할 말이 없을 것이라고 생각한다.

어떻게 해야 인생을 바르게 살고, 또 오늘날 우리 사회가 당면한 문제들에 대해서는 어떻게 대응해 나가야 될 것인가 하는 것이 한 인간으로서 관심사다. 그 관심사에 대해서 사회에서 규정하는 종교인으로서 대응해 나가는 것이다. 이렇게 자기가 선

자리에서 현재의 조건을 살려서 우리들의 관심사를 추진해야 한다.

오늘까지 인류가 쌓아온 경험들, 즉 종교적 경험이나 과학적인 경험 등 많은 경험들을 전체적으로 통합할 수 있다면 우리 사회는 전혀 다른 제3의 새로운 방향의 삶으로 전환해 갈 수 있는 실마리를 찾을 수 있다.

지난 시대에 사회과학적인 관점에 서서 사회변화에 대한 문제만을 추구하면서 느꼈던 큰 문제점 중의 하나는 우리들의 마음속에서 모든 문제를 사회를 변화시키면 다 해결될 수 있으니까 사회변화 이외에는 모두 외면하는 마음을 많이 보았다는 것이다. 그런데 지금은 생각이 좀 바뀌었다. 사회변화도 중요하지만 가다가 급한 사람 있으면 일단 거기 좀 머물면서 대화든지 치료든지 그 사람에게 필요한 일을 해 주며 관심의 일부를 나눌 수 있어야 한다고 생각하게 되었다. 그럴 때 인간과 사회에 대한 고민도 더 구체적으로 근본적으로 다가오게 된다. 사회만 변하면 된다든지 개인만 변하면 된다든지 하는 식으로 어느 한쪽으로만 생각하면 오히려 모순이 없고 단순해 질 수 있는데 현실과 이상, 개인과 사회라는 두 가지 측면을 모두 고려할 때는 그 고민의 정도나 느껴지는 문제의식이 더욱 깊어진다.

인도에 가서 불가촉천민들의 고통스런 삶을 직접 접하게 될 때 그 문제가 근본적으로 해결되기 위해서는 사회적으로 정치적으로 해결이 되어야만 된다는 입장에는 변함이 없지만 당장 못 먹어 손 내미는 그들을 이제 더 이상 외면할 수는 없었다. 물론 좀 나눠준다고 해서 해결되는 것은 아니다. 나누어주어도 아무 소용이 없을 수 있다. 그렇다고 나누어주지 않는다고 해결되는 것도 아니다. 이럴 때 삶에 대한 근원적인 여러 가지 의문이 끊임없이 일어나게 된다. 이처럼 문명적인 전환과 관련하여서도 그것의 가능성 여부나 방법에 대한 고민도 결국 더 근본적으로 돌아가면 삶을 어떻게 살아야 되는가 하는 문제와 직결된다.

'종교의 사회적 기능과 전인류적 차원에서의 불교적 대안' 이라는 주제를 받고 어떻게 접근할까 해서 좀 막막했는데 앞에서 말한 바대로 종교의 사회적 기능이라고 할 때 무엇을 종교라고 규정지을 것이며, 어떤 성격의 집단을 기준으로 말해야 하는 것인지가 고민되었다. 또 전인류적 차원에서의 불교적 대안이라고 할 때, 어떤 성격의 불교를 기준으로 해서 실천이나 구체적인 대안을 말할 수 있겠는지, 이런 문제에 부딪히게 되면서 사회적으로 규정되는 종교와 내가 생각하는 바람직한 종교가 조

금 다를 수 있다는 것을 발견하게 되었고, 그런 선상에서 종교
의 사회적 기능과 불교의 가능성을 이야기하다 보니 상호 모순
되는 것이 함께 이야기되고 있는 것 같다.

원효의 화쟁

불교의 평화사상

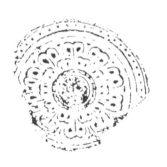

원효스님의 '화쟁사상'이 새로운 통일운동으로 정립
되어야 한다고 했는데, 화쟁사상의 핵심은 무엇인가?

　인도불교가 중국에 들어올 때 대승불교뿐만 아니라 소승불
교도 함께 왔다. 소승불교는 형식을 원형대로 고집하려는 견해
가 강해 중국에서 적응하기 어려웠던 반면 대승불교는 내용을
중요시하고 형식은 시간과 공간에 맞게 변화되어야 한다는, 이
른바 공사상 중심이어서 중국에서 받아들이기 쉬웠다. 이런 까
닭으로 대승불교가 중국불교의 주류를 형성하게 되었다.

　대승불교라고 모두 같은 것은 아니었다. 대승불교의 발생 자
체가 긴 세월동안 자연스럽게 일어난 것이므로 여러 사상이 혼
재되어 있다. 대승불교의 주요경전인 <법화경> <화엄경> <금
강경>의 주장하는 바와 그에 따른 수행방법에는 차이가 있다.
그래서 중국사람들은 자기가 접한 어떤 특정한 경전이나 종파
에서 세계를 이해하려 했는데, 화엄경을 소의경전으로 하는 화
엄종, 법화경을 소의경전으로 하는 천태종, 열반경을 소의경전
으로 하는 열반종 등이 그 대표적인 예다.

　또 사람들은 여러 종파가 난립하다 보니 깨달음에 이르는 길
이 완전히 다른 것처럼 인식했다. 곧, 밀교에서는 세세생생 수

행해서 부처가 되는 것이 아니라 '옴마니반메훔'을 일심으로 주력하면 살아 생전에 그대로 부처가 될 수 있다고 했으며, 선종에서는 자기 마음을 깨달으면 곧바로 성불할 수 있다고 했다. 또 정토종의 경우, 다른 종파의 가르침이 다 옳기는 하지만 가는 길이 너무 어렵기 때문에 오직 '나무아미타불 관세음보살'의 명호를 불러 아미타부처님이 계시는 정토세계에 가서, 그곳에서 아미타부처님의 가르침을 직접 듣고 성불의 길로 갈 수 있다고 주장했다.

이런 각양각색의 종파불교가 신라로 들어왔고, 신라에서도 중국으로 가서 불교공부를 하게 되었다. 특히 고구려, 백제, 신라에서 통일신라시대까지는 불교공부를 하겠다고 결심한 사람이면 모두 중국으로 가서 공부했다. 중국에 가서 어느 종파에 소속된 스님 밑에서 배웠느냐에 따라 본국으로 돌아와 하나의 종파를 열었다.

예를 들어 의상조사는 중국 화엄종의 지엄화상 밑에서 공부를 했기 때문에 신라에 들어와서 화엄종을 처음으로 열었다. 보덕화상은 중국의 열반종에 가서 공부하고 와서 열반종을 열었다. 자장율사는 중국의 율종에 가서 공부를 했기 때문에 율종을 열었다. 그러다 보니 신라 또한 중국 못지 않게 여러 종파가 형성되었고, 5교가 바로 그것이다. 여기서 5교란 화엄종 · 율종 · 열반종 · 법상종 · 법성종을 말한다.

이처럼 한 나라에 한 종파가 아닌 여러 종파가 형성되었다는 것은 무엇을 의미할까? 어느 종파에 소속되어 불교를 배웠느냐에 따라 불교를 보는 관점이 달라졌고, 그것은 후에 철학적인 논쟁이 되었다.

원효스님은 여기에 대해 많은 문제의식을 가졌다. 그래서 각 종파의 종요(宗要)를 깊이 살펴보니까 결국은 다 같은 이야기라는 사실을 발견했다. 예를 들어 어떤 사람이 서울 가는 방향이 어디냐고 부처님께 물었다고 하자. 부처님께서는 A가 와서 물으면 '동쪽으로 가라' B가 와서 물으면 '북쪽으로 가라' C가 와서 물으면 '서쪽으로 가라' D가 와서 물으면 '동쪽으로 가라' E가 와서 물으면 '동쪽으로 가라' F가 와서 물으면 '서쪽으로 가라'고 대답하신다. 그때 옆에 있는 사람이 들을 때는 이해가 안 된다. 동쪽이면 동쪽이지 왜 동쪽으로 가라고 했다가 북쪽으로 가라고 하는지 도무지 이해가 안 된다.

'한번은 동쪽으로 가고 한번은 북쪽으로 가라 했는데 왜 둘이 서로 다른가'를 곰곰이 생각하다가 '한번은 동쪽, 한번은 북쪽'이라는 결론을 내렸다. 그 순간 '서쪽으로 가라'고 하신다. 그러면 다시 지금까지 순서가 동쪽, 북쪽, 서쪽이었으니까 다음에는 남쪽이겠구나. 그런데 부처님께서는 또 '동쪽으로 가라'고 하신다. 그럼 한바퀴 더 돌겠구나 싶어 다음은 북쪽인가 하면 또 '동쪽으로 가라'고 하신다. 이제 계속 '동쪽인가' 하고 추리하면 '서쪽으로 가라' 하시니 도저히 종잡을 수 없다. 여러 말씀을 하실 뿐만 아니라 여러 말씀을 하는데도 아무런 규칙성이 없다. 이러면 사람들은 또 '아무렇게나 대답하면 되는 것 아닐까?' 하고 생각한다.

그러나 실제는 어떤가? 첫 번째 와서 물어본 사람은 인천사람이니까 '동쪽으로 가라' 했고, 두 번째 와서 물어본 사람은 수원사람이니까 '북쪽으로 가라' 했고, 세 번째 와서 물어본 사람은 춘천사람이니까 '서쪽으로 가라' 했고, 네 번째 와서 물어본 사람은 부천사람이니까 '동쪽으로 가라' 했고, 다섯 번째 와서 물어본 사람도 인천사람이니까 '동쪽으로 가라' 했고, 여섯 번째 와서 물어본 사람은 구리사람이니까 '서쪽으로 가라' 했던 것이다. 이것이 부처님의 방편설이다.

부처님께서는 아무렇게나 대답하신 것이 아니라 늘 진실하게 대답하셨는데 그 말을 듣는 우리가 어떤 진리에 대해 잘못된 관념을 가지고 있었던 것이다. 서울 가는 길은 동쪽 그저 한 가지여야만 된다든지, 아니면 동쪽이나 서쪽이나 남쪽이나 이렇게 몇 가지여야 된다든지. 이런 잘못된 진리관을 갖고 있으니까 헛갈리는 것이다.

그런데 구체적으로 상황이 정해지면, 곧 인천에 사는 사람이 물어보면 동쪽이라는 방향이 나온다. 그럼 인천사람이 동쪽이었기 때문에 다른 사람도 동쪽일까? 그렇게 말할 수는 없다. 서울 가는 길은 뭐라고 말할 수 없기 때문에 아무런 이야기도 할 수 없는 것일까? 그것 역시 아니다. 인천사람이 서울 가는 길을 물으면 동쪽이지만, 춘천사람이 서울 가는 길을 물으면 서쪽이다. 마치 거울 앞에 물건이 오면 비치고 물건이 사라지면 사라져 버리는 것과 같다. 이것이 중도사상이다.

부처님의 팔만사천 법문 중에 어떤 경전은 '동쪽으로 가라'고 쓰여 있고, 어떤 경전은 '북쪽으로 가라'고 쓰여 있고, 어떤 경전은 '서쪽으로 가라'고 쓰여 있고, 어떤 경전은 '남쪽으로 가라'고 쓰여 있다고 하자. 그러면 '동쪽으로 가라'는 이야기가 오십 번 쓰여 있고, '북쪽으로 가라'는 이야기가 두 번 쓰여 있고, '남쪽으로 가라'는 이야기는 한 번밖에 쓰여 있지 않다고 할 때, '동쪽으로 가라'는 이야기가 다수니까 '동쪽으로 가는 것이 진리'라고 말해서는 안 된다. '동쪽으로 가라'는 이야기가 많은 것은 인천에 사는 사람이 많이 물어봐서 그렇게 말씀하신 것뿐이다. '서쪽으로 가라'는 이야기가 없었다면 그때 당시에 춘천에 사는 사람이 와서 묻질 않아서 생긴 것밖에 아니다.

그런데 후대 학자들은 이 부분에 대한 해석을 어떻게 할까? '그런 경향이 많으니까 그것이 진리'라고 해석하거나 '그런 경향이 적기 때문에 높은 수준의 이야기'라고 말한다. 각자 자기 종파의 정당성을 합리화하기 위해 많이 가라고 한 것을 중심으로 삼아 이것이 '쉬운 길'이다, 또는 적게 가는 길을 중심으로 잡아 '최상의 길'이라고 주장한다. 또 가는 방향이 없는 것을 잡아, '이것이야말로 가장 비밀스런 길이다'고 주장하는 식이다. 그런데 그것은 어느 것도 진리가 아니다. 부처님의 모든 말씀은 인연 따라 설해진 것이다.

여기에 원효스님께서 말씀하신 화쟁사상의 핵심이 담겨있다. 이런 화쟁사상의 핵심을 모아쓰신 글이 <십문화쟁론>으로, 열 가지 문으로 나뉘어 서로 싸우는 데 열 가지 문이 싸울 필요가 없다. 곧, 각 종파가 주장하는 요점을 뽑아보면 투쟁할 일도 아니고 주장할 일도 아니라는 것이다.

이것은 서로 다른 것들을 모아 어떻게 조화롭게 할 것인가라는 통일의 문제에 큰 해답이 된다.

서로 다른 것들은 그저 한 울타리에 모아 두자는 것도 아니고 한 가지 색깔로 만들자는 것도 아니라 각자의 위치와 조건에서 최선의 길이 나오며 각자의 개성이 존중되면서도 함께 모순 없이 조화를 이루는 지혜를 밝힌 것이다.

그렇다면 고구려와 백제, 신라가 서로 싸웠던 그 당시에는 원효스님의 화쟁사상이 어떤 역할을 했는가?

원효는 군인으로, 전쟁에서도 많은 공을 세웠다. 그러던 어느 날 전쟁 중에 자기 친구가 죽었다. 친구의 무덤가에서 친구의 원수를 갚겠다고 다짐하면서 슬피 울다가 퍼뜩 '지금 백제 군사 중에 자기 친구를 죽인 사람은 상을 받고 거기에 모인 군인들은 자축연을 열고 축배를 들 것'이라는 생각이 들었다. 내 가장 큰 고통과 슬픔이 그들에게는 가장 큰 환호와 기쁨이 된다. 돌이켜 보면 내가 전쟁에서 승리해서 떠받쳐지고 환호할 때, 반대로 백제 진영에서는 엄청난 슬픔과 원한 속에서 있었을 것이다. 그 순간 전쟁에서 승리하고 환호를 지르는 여기에 모든 인생의 중심을 쏟아왔던 그로서는 이것이야말로 허깨비 장난 같고 어리석은 짓임을 깨달았다. 그 사실을 깨닫자 뒤도 돌아보지 않고 바로 집으로 발걸음을 향했다. 집으로 돌아온 원효는 자기 머리채를 칼로 잘라버리고 출가해서 스님이 되었다. 원효는 어떤 스승을 찾아가 그 밑에서 공부해서 스님이 되었다는 기록이 없다. 그냥 스스로 머리카락을 자르고 자기 집을 초개사라 해서 자기 살던 집을 절로 만들고 승려가 되었다.

그 동안 원효는 부처님의 가르침에 대해서 어떤 것은 옳지만 어떤 것은 전쟁터에 나가는 군인에게는 현실에 맞지 않다고 생각했는데, 이것을 자각하고 나니까 부처님의 가르침이 완전하게 자기 속으로 다가오기 시작한 것이다.

그러니 그가 새롭게 눈뜬 사상에 얼마나 몰두했는지는 짐작할 수 있다. 신라에서 공부하는 것으로 만족할 수가 없었다. 그래서 친구인 의상과 함께 뭔가 큰 깨달음을 얻고 진리를 구하겠다는 생각으로 중국으로 향했다. 자기는 이 세상의 모든 것을 놓아버렸기 때문에 중국을 가기 위해서는 목숨을 걸고 고구려 국경을 통과했다. 그런데 고구려 사람이 볼 때는 고구려와 신라가 서로 싸우고 있는 중에 신라 승려가 고구려를 넘어온 것이다. 신라 첩자로 변장을 했을지도 모르니 당연히 체포해서 감옥에 넣고 고통을 준 것이다.

원효는 출가를 했으니 자기는 민족도 나라도 다 떠난 것 같지만 고구려 사람이 볼 때는 이것은 명백한 간첩행위다. 서로 싸우고 있는 중에 상대방의 국경을 넘어 들어왔으니 그 고초는 이루 말할 수 없다. 그러나 고구려 군인 중에 불교신자가 있어 몰래 감옥을 빠져 나오게 도와주었고, 결국 신라로 돌아오게 되었다.

그렇게까지 고초를 당했으면 보통 사람은 진리고 뭐고 간에 사람 죽겠다 하면서 그만 둘 것이다. 그런데 진리에 대한 열의가 너무 강렬하다 보니 죽음이 두려울 리 없었다. 어쨌든 하늘이 두 쪽 나도 진리를 구하러 중국에 가야만 한다고 생각했다. 육로로 간다는 것은 생각할 수 없게 되자 다른 방법을 찾다가 해상을 통해 가기로 했다. 그 당시 신라는 나제동맹을 맺어 고구려를 물리치고 한강의 상류지역을 차지하고, 하류지역은 백제가 차지했다. 그러다가 신라가 다시 백제를 공격하여 한강의 하류지역까지 차지하고 서해안 관문을 확보하였다. 그러다 보니 신라는 백제와 원수지간이 되고 고구려와 백제는 려제동맹을 맺게되었다. 삼국간에는 전쟁이 끊임없이 계속되는 그런 전시상황이었다.

배를 타기 위해 당황성으로 향하던 중 날이 어두운데다가 비까지 와 더 이상 갈 수 없었다. 주위를 둘러보다가 무덤에 들어

가서 쉬게 되었다. 그 당시 무덤은 오늘 우리의 무덤처럼 땅을 파고 묻는 방식이 아니다. 고구려 무덤은 북방계통의 무덤이기 때문에 지상에다 돌을 쌓아 올려 무덤을 만들고 밖으로 문이 있어 그 문을 열고 들어갈 수 있었다. 그런 곳에서 비를 피해 한 숨 돌이키고 나니 목이 말랐다. 한치 앞을 분간하기 어려운 어둠 속이라, 할 수 없이 주변을 더듬거렸더니 물이 담긴 바가지가 손에 잡혔다. 목마른 김에 벌컥벌컥 마셨다. 세상에 그렇게 꿀맛일 수 없었다. 이튿날 아침 일어나 다시 그 물을 마시려고 보니까 해골바가지에 고인 물이었다. 그러자 어제 저녁 그렇게 달콤했던 물이, 해골바가지에 고인 물임을 아는 순간 더럽게 느껴지고 구역질이 났다. 그 순간 원효는 깨끗하고 더러움이 다 내 마음이 만든 것임을 깨달았다. 물론 일체가 다 마음이 짓는 바라는 것은 이미 화엄경을 여러 번 탐독했으니 알고 있는 사실이었다. 그러나 그는 그것을 체득하지는 못했다. 이제 그는 일체가 다 마음이 짓는 바라는 것을 깨쳐버렸기에 진리가 중국에 있는 것도 아니고 책 속에 있는 것도 아니요, 모두가 마음이 짓는 바라는 것을 단박에 알아버렸다. 그러니 더 이상 중국에 갈 필요가 없어졌다. 그래서 그는 다시 신라로 돌아왔다.

그렇게 열린 관점에서 각 종파의 소의경전을 읽어보니까, 부처님의 말씀은 서울 가는 길을 물을 때 인천사람에게는 '동쪽으로 가라' 하고, 수원사람에게는 '북쪽으로 가라' 하고, 춘천사람에게는 '서쪽으로 가라'는 이야기인 것이다. 그런데 그런 이치를 모르는 사람들은 서로 '동쪽으로 가야 옳다' '서쪽으로 가야 옳다' '북쪽으로 가야 옳다' 하면서 싸우니 얼마나 어리석은 일인가!

여러 가지 꽃들이 모여 하나의 화단을 이루는 것처럼, 이 세상에 있는 갖가지 다양한 사상은 어떤 것은 좋고 어떤 것은 나쁘고 어떤 것은 아름답고 어떤 것은 추하고 어떤 것은 우월하고 어떤 것은 월등한 게 아니라 그냥 다를 뿐이다. 우열의 개념은 인간의 의식이 만들어낸 산물에 불과한 것이다. 그러니 그의 입장에서는 전쟁터에서 사람이 부상을 당하면 그냥 부상자지, 신라병사이니까 치료해 주고 백제군사이니까 방치하지 않았다. 하나의 관념에 휩싸여 있는 사람에게는 적군이 있고, 아군이 있고, 옳고 그름이 있지만, 마음의 눈이 열린 그에게는 그것이 아무런 의미가 없었다. 그가 비록 신라 출신이고 신라의 법에 규제를 받고 있었지만 그는 이미 더 이상 신라사람도 아니고 백제사람도 아니고 고구려사람도 아니고 당나라사람도 아니었다. 그는 인연을 따라 신라에 머물고 있었을 뿐이지 신라의 관점에 있었던 것은 아니었다.

원효의 생존시기에 삼국이 통일되었고, 삼국이 통일된 이후에도 신라는 어떤 승리의 기쁨을 누렸겠지만 백제와 고구려사람들은 조국을 잃어버린 엄청난 패배와 슬픔 속에 있었을 것이다. 또 일반 서민들이 볼 때는 이러나 저러나 어차피 못 먹고 못 사는 것은 마찬가지일 것이다. 나라가 망했다고 해서 굶어 죽는 것도 아니다. 또 신라가 전쟁에 승리했다고 해서 신라천민들의 삶이 더 좋아진 것도 아니다. 승리한 신라의 귀족들은 완전히 의기양양했을 것이고 백제왕족들은 한과 좌절 속에 빠졌을 것이다. 또 통합된 사회 안에 다시 신라귀족이든 고구려귀족이든 백제귀족이든 일부는 처형당하고 압박을 당해도 일부는 지배계층에 편입되었을 것이다.

그 속에서 원효는 통일국가 안에서 일어나는 삼국민의 갈등의 통합뿐만 아니라 통일사회 안에서 겪는 하층민중의 고통을 어루만졌다. 그가 나중에 승려의 지위를 버리고 천민들 속으로 들어가는 것도 그런 화쟁론 입장이다. 그것은 지배계급에 대한 저항과 분노가 아니라 바로 민중들의 깨우침이, 곧 자기 한을 수행을 통해 해소해 버림으로써 통합으로 나가는 활동이었다. 실제로 속퇴한 이후에 원효스님은 어떤 저술도 남기지 않는 한 자연인으로 살아갔다. 하지만 원효스님은 삶 속에서 화쟁사상의 진면목을 보여주었다. 곧 귀족출신이었지만 귀족의 한계에 구속되지 않고 민중 속으로 들어갔고, 승려였지만 승려의 한계에 머무르지 않고 머리를 기르고 세상으로 돌아갔다

그렇다고 원효스님이 승려에 반대하는 거사불교를 했거나 재가불교운동을 한 것은 아니다. 원효스님은 승려의 지위를 버렸지만 승려로서 삶의 태도를 그냥 유지하고 있었던 것이다. 이런 점 때문에 세상사람들이 그를 이해하는데 많은 오해가 생겼다. 곧 분별의 관점에서 볼 때는 이것도 저것도 아닌 복잡한 행로를 걸었다고 보지만 원효스님은 한 인간으로서 자연스러운 삶을 살아갔다.

원효스님은 <십문화쟁론>에서 열 가지 종파가 추구하는 근본은 같지만 길이 다른 것처럼 보이는 현상이 잘못되었음을 증명하였다. 그렇다면 지금 지구상에 현존하는 갖가지 갈등의 공통점을 어떻게 포착하여 원효스님의 화쟁사상으로 이끌어낼 수 있는가?

모든 인간이 갖는 공통점은 자유롭고 행복하게 살고 싶어한다. 어떻게 하면 자유로워지고 행복해질까? 사람들은 '돈이 많

고, 다른 사람보다 높은 지위에 있고, 지식을 많이 쌓아야 행복하다'고 생각한다. 그래서 많이 가지려 하고, 많이 쓰려고 한다. 또 다른 사람이 나의 의견이 맞다고 수긍을 해 줘야 기분이 좋지, 그렇지 않으면 기분이 나쁘고 뭔가 내 자유를 빼앗긴 것 같다.

현실적으로 이런 가치관 위에서는 진정한 행복이 주어지지 않는다. 어떤 것도 누구는 되지만 누구는 될 수 없다. 그러므로 다툼과 경쟁으로 이어지고, 결국 싸움으로 간다.

이러한 분쟁은 일대 일로 싸울 때도 있지만 때로는 패거리를 형성하여 공동의 이익을 쟁취할 수도 있다. 예를 들어 백인의 지위를 우월화시켜 놓음으로써 자기 혼자 다 가진 것은 아니지만 전체 속에서 우월한 지위를 차지한다. 이렇게 형성된 집단 에고는 개인적인 에고의 확대현상이다. 이런 개인에고에서 확대되어 나타난 집단에고가 바로 인종주의, 민족주의, 성차별주의, 계급주의, 종교차별주의다.

자유로워지고 행복해지고 싶은 것이 모든 인간의 꿈인데, 우리가 추구하는 상대적 행복의 길은 조금만 정신을 차리고 보면 마치 자기 손으로 자기 발등을 찍는 것임을 알 수 있다.

반대로 이런 생각과 가치관이 잘못되었다는 것을 자각하면 모든 괴로움은 사라지고 자유롭고 행복한 삶을 체험하게 된다. 부처님 당시에도 무수히 많은 제자들이 그런 체험을 했다.

술 마시는 분위기에서는 너도나도 마시고, 담배 피우는 분위기에서는 담배 피우는 것이 굉장히 자랑스럽게 느껴진다. 담배 피우는 분위기가 사회 전체를 뒤덮을 때는 담배 피우지 말라는 이야기는 해 봤자 먹혀 들어가지 않는다. 그 분위기에서는 술을 마시지 않고 담배를 피우지 않는 행위가 굉장히 비인간적인 것 같고 금욕주의인 것 같다.

그것처럼 오늘 우리 사회는 많이 생산해서 많이 소비하는 게 잘 사는 삶이라는 가치관이 만연해 있기 때문에, 소비욕구에 대해 문제제기를 하면 현실성이 없다고 한다. 그것은 사실에도 맞지 않을뿐더러 인간성을 무시하는 것이라고 한다. 그러나 깨닫고 보면 이것은 환경문제의 근본원인이며 대립과 갈등의 원인이며 괴로움의 원인이다.

이제 막 담배를 피우고 술을 마시기 시작한 사람에게 건강에 좋지 않으니까 담배를 피우지 말고 술을 마시지 말자는 이야기가 귀에 들어오지 않은 것처럼, 소비의 확대가 발전이 아니라 재앙을 초래한다는 이야기도 소비지향적인 현대인의 귀에는 잘 들리지 않을 것이다. 또한 밥이 없어 굶는 상태에서 산림을 파괴하면 지구에게 위기가 닥친다는 이야기도 귀에 들어오지 않는다.

우리나라도 1980년도에 들어와서야 환경운동이 시작되었다. 그렇지만 뭔가 문제가 있다는 정도지, 이제까지는 그 위험을 제대로 받아들이지 않는 분위기다.

그런데 이제 조금씩 현실로 다가오는 것 같다. 환경문제는 몇몇 선각자의 문제제기 수준에서 이제는 국가뿐만 아니라 국민 대다수의 관심사가 되어가고 있다. 그렇다고 해도 아직까지는 실천으로 옮겨지지는 않고 있다.

최근 들어 문제되는 것은 물질적으로 실컷 써 봐도 행복하지 않고, 결과적으로 환경재앙만 왔다는 이야기가 아니다. 이제는 쓸 수도 없는 상황이 닥쳤다.

이렇게 되면 우리 삶에서 오는 충격은 엄청나다. 그런 충격 속에서 결국 인간의 인식과 생활방식이 바뀌게 된다. 그럴 때 소비욕구의 절제는 보편성을 취득하게 된다.

또 남북한 통일문제나 사회 통합문제를 얘기할 때, 노동자의 주장은 옳고 재벌은 잘못되었다든지, 재벌은 옳고 노동자가 잘못되었다든지, 북한은 옳고 남한은 잘못되었다든지, 남한은 옳고 북한은 잘못되었다는 식으로 사물을 봐서는 안 된다. 또 서로 타협해서 노동자 주장을 50% 받아들이고 자본가 주장을 50% 받아들여 반씩 섞자, 남한의 주장을 50% 받아들이고 북한의 주장을 50% 받아들여 반씩 섞자는 것도 올바른 것이 아니다. 북한 인구가 남한 인구의 2분의 1밖에 안되니까 남한의 주장을 2 북한의 주장을 1로 하자는 것도 맞지 않다.

수단을 목적화시키면 안 된다. 다시 말하면 민족 전체의 이익을 위해 민족구성원인 민중의 관점에 서서 남한의 어떤 면을 계승하고, 북한의 어떤 면을 계승해야 민족의 장래에 도움이 될 것인가를 봐야 한다.

그러니까 누가 옳고 그르냐의 관점에서 사물을 봐서도 안 되고, 맞고 틀리냐의 관점에서 사물을 봐서도 안 된다. 북한의 모든 것을 수용할 수도 있고, 부정할 수도 있고, 3분의 1을 수용할 수도 있고, 2분의 1을 수용할 수도 있다. 그런데 그것은 어떤 비율이 앞서서 되는 게 아니라 우리가 무엇을 중심으로 통일국가를 이룰 것인가 하는 것을 중심에 놓고 그 문제를 바라봐야 한다는 이야기다.

예를 들어 어떤 사람이 몸이 아파 병원에 찾아갔다. 그런데 의사가 진찰해 본 결과 음식을 너무 가려먹고 좋은 것만 먹어 병이 낫다면 '아무거나 많이 먹어라' 하는 것이 처방이다. 또 어떤 사람은 그저 아무거나 많이 먹어 병이 낫다면 '음식을 조금 가려먹어라' 하고 처방이 내려질 수 있다.

건강한 삶을 살기 위해서는 음식을 적게 먹어야 된다든지 가려먹어야 된다든지 여러 가지 음식을 골고루 먹어야 된다는 등 어떤 정답이 있는 것은 아니다. 그 사람의 조건과 상황에 따라 늘 변하는 것이다. 마치 형체가 없는 물이 어떤 모양을 비칠 것인가를 정해놓지 않듯이, 거울이 어떤 모양을 그릴 것인가를 정해놓지 않듯이.

그러나 어떤 물건이 거울 앞에 서면 바로 그 물체에 따라 비친다. 비쳤다고 해서 고정되어 있는 것도 아니고 없다고 해서 사라진 것도 아니다. 거울 앞에 서면 비치고 거울 앞을 떠나면 사라진다.

완전한 깨달음이 열리면 물 흐르듯이 삶의 판단이 자유로워진다. 그렇지 않는 사람이 볼 때는 어떻게 저렇게 머리가 좋을 수 있느냐고 의아하게 생각할지 몰라도, 그것을 아는데는 아무런 힘이 들지 않는다.

또 저 사람은 왜 저런 식으로 세상을 거슬러 사느냐, 아니면 바보처럼 세상에 순종하고 사느냐고 말해도 그는 세상을 거스를 생각도 없고 세상에 순종하려는 생각도 없다.

다만 그 인연 따라 하는 일이 세상과 같이 가면 순종하는 것처럼 보이고, 세상과 거꾸로 가면 거슬리는 것처럼 보일 뿐이다.

좋은벗들을 소개합니다

1996년 12월, 북한동포돕기를 범불교적으로 추진하고자 '우리 민족서로돕기 불교운동본부'를 창립하고 불교의 동체대비 사상으로 바탕으로 굶주리는 북한동포의 고통을 해결하고자 다양한 활동을 전개해 왔다.

1999년 5월, 통일부로부터 사단법인 승인을 받아 '좋은벗들'로 명칭을 바꾸고 민족의 화해와 평화적 통일을 위한 선결과제인 북한 식량난과 식량난민 문제해결을 출발점으로 동남아시아를 비롯한 제3세계의 난민구호사업과 인류가 안고 있는 분쟁과 갈등의 문제를 근원적으로 해결하기 위한 평화운동, 그리고 인간의 권리가 침해되고 있는 현장을 찾아 인권운동을 전개해 나가고 있다.

● 주요활동

1. 북한 식량지원
▸적십자 및 국제구호단체를 통한 지원
▸중국 현지에서의 직접지원 활동

2. 북한 식량난민 구호
보호받지 못하는 중국 내 북한 식량난민들에게 의복, 의약품과 식량지
원 활동

3. 조사
▸북한 식량난민 면담조사 <북한 식량난의 실태보고서>(1997~1998)
▸<북-중 국경지역 답사보고서>(1996.12~현재)
▸중국 동북지역 2,479개 마을 현지조사
　　<북한 식량난민 실태 및 인권보고서>(1999)
▸동남아시아 난민 실태조사(방글라데시, 미얀마)

4. 보고회 및 강연회
국내외에서 정부기관, 국제기구, 시민사회단체, 학생 등을 대상으로 북
한 식량난의 실태 보고회 및 강연회

5. 홍보
자료집 발간, 소식지, 비디오, 사진, 기자회견을 통한 북한 식량난의 실
태 홍보

6. 캠페인 및 모금
일반 시민들을 대상으로 북한 식량난 실태 사진전 및 모금활동

7. 한주 한끼 굶기 운동(1997년~현재)
굶주리는 사람의 고통을 함께 하여 우리가 하나임을 확인하고, 함께 해결방법을 찾아가는 동체대비 실천의 대중운동.
매주 한끼를 굶고, 굶은 만큼의 성금을 북한동포들에게 지원하고 있다.

8. 민족화해를 위한 북한동포돕기 100만인 서명운동(1997)

9. 북녘동포 겨울나기 '사랑의 옷보내기' 운동(1997)

10. 역사기행 '민족의 뿌리를 찾아서'
고구려, 발해유적지 및 항일독립운동 유적지 답사, 백두산순례
(1994-현재)